초보 부모 수업

초보 부모 수업
고수 부모가 전하는 생초보 육아 바이블

초 판 1쇄 2024년 08월 26일

지은이 이화자
펴낸이 류종렬

펴낸곳 미다스북스
본부장 임종익
편집장 이다경, 김가영
디자인 임인영, 윤가희
책임진행 안채원, 이예나, 김요섭

등록 2001년 3월 21일 제2001-000040호
주소 서울시 마포구 양화로 133 서교타워 711호
전화 02) 322-7802~3
팩스 02) 6007-1845
블로그 http://blog.naver.com/midasbooks
전자주소 midasbooks@hanmail.net
페이스북 https://www.facebook.com/midasbooks425
인스타그램 https://www.instagram.com/midasbooks

© 이화자, 미다스북스 2024, *Printed in Korea.*

ISBN 979-11-6910-773-0 03370

값 17,500원

※ 파본은 본사나 구입하신 서점에서 교환해드립니다.
※ 이 책에 실린 모든 콘텐츠는 미다스북스가 저작권자와의 계약에 따라 발행한 것이므로 인용하시거나 참고하실 경우 반드시 본사의 허락을 받으셔야 합니다.

미다스북스는 다음세대에게 필요한 지혜와 교양을 생각합니다.

고수 부모가 전하는 생초보 육아 바이블

초보 부모 수업

이화자 지음

★★★
초보 부모
예비 부모
필독서

★★★
30년
초등현직교사
육아서

미다스북스

추천사   9

서문
부모가 처음인가요?   10

아이가 태어난 날은
생애 가장 아름다운 날이다

육아는 마라톤, 천천히 가자	19
평생의 정서를 결정하는 애착 관계	24
부모화의 대물림을 끊어라	30
육아의 비밀 열쇠가 담긴 부모의 뿌리 감정	37
아이는 감정의 쓰레기통이 아니다	44
부모의 말이 바뀌어야 아이가 바뀐다	50
버려야 할 것, 좋은 부모 콤플렉스	57
적당한 심리적 거리가 가족을 가깝게 만든다	63
열등감으로 아이를 잘 키울 수 있을까?	69

부모와 아이 사이의 일이 가장 어렵다

칭찬과 인정하기라는 두 가지 시소	79
아이에게 부정적인 말을 하지 않아야 하는 이유	87
이유 없는 말과 행동은 없다	93
감정에 서툰 부모 진짜 감정 찾기	98
부모의 말습관 괜찮은가요?	104
완벽한 부모도 완벽한 아이도 없다	109
혹시 나도 육아 번아웃 증후군?	114
함께 있으면 좋은 부모	120

III
초보 부모,
칭찬과 경청의 다리를 건너라

잘 가르치는 것보다 잘 듣는 부모가 먼저다	127
아이의 감정을 인정하는 부모	133
부모 자녀 의사소통 걸림돌이 되는 12가지	139
반영적 경청, 때로는 오작교가 되라	145
화, 참는 것이 좋을까 내는 것이 좋을까	154
기다리지 못하는 아이, 기다리지 못하는 부모	160
비교의 늪에 빠진 부모, 칭찬에도 전략이 필요하다	166
반영적 경청과 나 전달법 기어 바꾸기	173

IV

고수 부모가 전하는 윈–윈 나 전달법

잠깐, 부모의 감정이 힘들다면 나 전달법(I Message)	183
감정이라는 선물을 담는 부모의 말그릇	188
제3의 방법을 이용한 문제 해결	195
이만하면 괜찮아요, 육아 효능감	201
통제 대신 좋은 선택하도록 돕기	207
관계를 좋게 하는 효과적인 대화 기술	214
의사소통에도 기술이 필요해	220
자녀를 변화시킬 수 없을 때 평안의 기도	226

추천사

 '아이를 키우면서 수많은 예상치 못할 일들을 만난다 해도 당황하지 마세요. 당연한 일입니다. 꽃길만 기다리는 것이 아니라 때로는 자갈길도 만나고 가시밭길도 만납니다.'라고 이화자 작가는 말합니다. 책을 덮고 난 뒤에는 따뜻한 엄마 목소리가 귓가에 들리는 것 같습니다. 자녀와 좋은 관계를 유지하기 원하는 부모에게 꼭 필요한 조언과 위로가 담겨 있습니다. 이 책을 통해 아이의 감정에 무심하지 않고, 마음을 다해 소통하는 부모가 되기를 바랍니다.

• 김미경 MKYU 대표, 『김미경의 마흔 수업』 저자

 땡볕이 내리쬐는 한여름, 『초보 부모 수업』을 가장 먼저 읽는 기쁨을 누렸습니다. 책을 읽으며 초보 부모 시절의 기억이 떠올라 가슴이 먹먹해졌습니다. 좋은 부모가 되고 싶었지만 방법을 몰라 헤맸던 시간들, 아픈 아이의 잠든 얼굴을 바라보며 눈물 흘렸던 순간들…. 부모가 된다는 것은 인생에서 가장 경이로운 여정이지만, 육아는 때로 폭풍우 치는 바다를 건너는 과정과도 같지요. 『초보 부모 수업』은 그 험난한 여정을 헤쳐 나갈 수 있는 나침반이 되어줄 것입니다. 아이의 탄생과 함께 시작되는 새로운 삶, 그 아름답고 뜻깊은 여정을 이 책과 함께 시작해 보면 어떨까요?

• 김재용 『엄마의 주례사』 저자

서문

부모가 처음인가요?

"답답하시죠? 저는 환장합니다."

"결초보은, 이 은혜 다른 초보님께 갚도록 하겠습니다."

"먼저 가세요. 저는 이게 최선입니다."

자가용 뒷유리창에 부착한 '초보운전'을 알리는 스티커 문구입니다. 약 30년 전, '초보운전' 스티커를 붙이고 도로주행을 나갔을 때 떨림을 기억합니다. 도로로 나간 순간 모든 차가 쌩쌩 달리며 내 차를 위협하는 것 같았습니다. 시속 40km로 가는데도 너무 무서워 손이 덜덜 떨립니다. 뒤에서 오는 차가 내 차를 박을 것만 같고, 누군가 '빵빵' 클랙슨을 울리면 "엄마야!"라고 놀랍니다.

우회전할 때 깜빡이를 켜야 하는데 깜빡하고, 너무 더워 에어컨을 켜야 하는데 어느 버튼을 눌러야 할지 당황스럽습니다. 그날 목적지인 마트 주차장에 도착할 즈음 갑자기 비가 쏟아집니다. 급히 와이퍼를 찾아 작동시키는데도 한참이 걸려 식은땀이 줄줄 납니다. 옆 차선에서 쌩쌩 달리는 차를 보며 '내가 왜 차를 몰고 나왔지?'라고 후회합니다.

겨우 목적지에 도착하자 안도의 숨을 돌립니다. 여기까지 무사히 도착해서 다행이지만, 다시 집에 돌아갈 일이 걱정입니다. 하지만, 어쩔 수 없는 일입니다. 여기까지 왔다면 돌아갈 일만 남았으니 걱정은 접어두기로 합니다.

운전대를 잡은 지 얼마 되지 않았을 때 지인을 옆자리에 태우고 운전을 한 적이 있습니다. 옆에 남이 앉으니 운전대를 잡은 손이 더 떨리고 긴장되었습니다. "아 무서워서 속력을 못 내겠다." 그러자 지인은 아무렇지도 않게 이렇게 말합니다.

"천천히 하세요. 뒤에 초보운전 스티커 붙였죠? 알아서 다 피해 갑니다."

자세히 보니 신기하게도 자동차들은 알아서 내 차를 피해 가고 있었습니다. 마치 못 볼 것을 본 것처럼 말입니다. 답답해서 차를 들이박을 것 같은 것은 내 마음이었습니다.

그렇게 시작한 초보운전은 '인제 가면 언제 오나.'라는 말로 유명한 강원도 인제까지 무려 다섯 시간에 걸친 운전도 끄떡없이 할 정도가 되었답니다. 주차하느라 옆에 있는 목욕탕 벽을 긁은 것 외에는 사고 한번 없는 베테랑 운전자가 되었습니다. 신세대 운전자처럼 톡톡 튀는 문구가 아닌 '초보운전' 딱지를 2년은 붙이고 다녔던 것 같습니다. 무서워서 운전을 못 할 것 같다는 마음이었는데, 막상 운전은 내 삶의 질을 완전히 뒤바꿔놓았습니다. 기차보다 빨리 갈 수 있는 곳이면 전국 어디나 운전대를 잡게 됩니다.

결혼한 부부가 아이를 낳으면 초보 부모가 됩니다. 그때부터 부모가 할 일은 너무 많은데 아는 것이 많지 않아서 당황하게 됩니다. 부모도 운전처럼 배우고 적용해야 할 일이 많습니다. 예전에 일본의 어느 학자는 부모도 운전처럼 면허가 필요하다는 주장을 한 적이 있었습니다.

아무리 운전하고 싶다 해도 마음만 앞서서 무턱대고 차를 몰고 도로에 나갈 수가 없습니다. 가끔 청소년이 무면허 상태로 부모님의 차를 몰고 나가 과속을 하여 큰 사고가 났다는 뉴스를 접하곤 합니다. 때로 청소년이 결혼할 의사가 없는데도 순간의 정욕을 피하지 못해 임신했을 때 '과속했다.'라는 표현을 쓰기도 합니다. 결혼을 앞둔 부부가 결혼식을 올리기 전에 아기를 가졌을 때도 그런 표현을 씁니다.

과속은 사고를 연상시키는 단어인 것 같습니다. 위험을 유발하는 과속보다 안전운전이 중요하듯이 초보 부모도 마찬가지입니다. 다양한 육아 상황에서 일일이 다 시험과목처럼 암기할 필요는 없습니다. 하지만, 운전면허 실기시험에 앞서 지필 시험에 통과해야만 하듯이 육아에도 부모가 꼭 알고 가야 할 내용은 숙지하고 가야 합니다.

그렇지 않으면 초보 운전자가 차량 뒤에 붙인 문구처럼 답답하고 환장할 일이 많이 있습니다. '어떻게 되겠지.' 하는 막연한 낙관은 절대 위험합니다. 청소년이 친구들과 함께 부모님 몰래 차량 열쇠를 훔쳐 무면허로 주행하는 것은 스스로 사고를 자초하게 됩니다.

육아도 마찬가지입니다. 먹고 입히고 씻기고 재우는 일만이 육아가 전부는 아니잖아요. 아이는 태어날 때 이미 부모의 유전자를 타고 이 세상에 나옵니다. 그래서 태교가 중요합니다. 부모가 나눈 따뜻한 대화, 아빠가 불러준 처음의 자장가 소리, 엄마가 들려주던 클래식 음악과 "가을아!"라고 태명을 불러준 엄마의 목소리까지 아이는 기억합니다.

육아는 운전과 다르게 사람을 다룹니다. 아이와의 만남도 인격적인 만남입니다. 한 사람을 키운다는 것은 엄청난 일입니다. 그만큼 준비된 만남은 한없이 소중한 일입니다.

첫 아이를 가진 부모는 '부모'가 처음입니다. 능숙한 운전자가 알아서 초보 운전자의 사고를 막아주듯이 조금씩 아이를 만날 준비를 하면 좋겠습니다. 이 책은 초보 부모에게 작은 등불이 될 것입니다. 태어날 아기를 위해 미리 준비할 것을 보면 배냇저고리, 아기 이불, 요, 기저귀 등 참 많습니다. 몇 해 전 손주가 태어나서 우리 집에 올 때 보면 아기 물품이 한 보따리입니다. 분유 포트는 물론 수제 이유식, 아기 젖병과 소독기까지 일일이 셀 수도 없습니다.

물론 다 중요합니다. 하지만, 이것으로는 충분하지 않습니다. 아기는 젖이나 분유만으로 자라지 않습니다. 부모의 따뜻한 정서적 보살핌이 더 중요합니다. 이런 애정 어린 보살핌을 받은 아이는 자존감은 물론 영혼이 강한 아이로 자랍니다.

요즘 학교에 영혼이 약하여 작은 일에도 분노를 조절하지 못하고, 또래 관계를 잘 영위하지 못하는 아이들이 유난히 많습니다. 부모는 아이가 세상을 볼 수 있는 바로미터이며 모델입니다. 〈금쪽같은 내 새끼〉에서 부모와 아이와의 관계가 틀어져 문제를 일으키는 것을 보면, 그 부모가 원부모와의 관계에서 이미 문제를 가지고 있는 경우가 대부분입니다.

운전 지필 시험과 실기를 통과하더라도 막상 도로에 나가면 이론과 다릅니다. 그렇게 기다리다 만난 아이가 한없이 예쁘다 해도 앞으로 예상치 못한 일들이 벌어집니다. 때로는 울퉁불퉁한 흙길을 만날 때도 있고, 갑자기 길이 끊어진 절벽에서 당황할 일이 일어나기도 합니다. 쭉 뻗은 고속도로만 있는 것이 아니지요.

아이를 키우면서 수많은 예상치 못할 일들을 만난다 해도 당황하지 마세요. 당연한 일입니다. 꽃길만 기다리는 것이 아니라 때로는 자갈길도 만나고 가시밭길도 만납니다. 하지만, 우리가 좀 더 안전한 부모의 길을 다지기 위해서 이 책을 펼치시기 바랍니다. 흔들리지 말고 부모와 아이 함께 별빛이 가리키는 길로 조심스레 걸어가기 바랍니다. 이 책은 어두운 밤을 비추는 별빛이 될 것입니다.

a�가 태어난 날은
생애 가장
아름다운 날이다

육아는 마라톤, 천천히 가자

몇 해 전, 〈스카이캐슬〉이라는 드라마가 폭풍 인기를 끈 적이 있습니다. 중국발 초미세먼지가 전국을 뒤덮었던 초봄 때여서 우리 가족은 모처럼 거제 여행을 포기하는 대신 이틀간 드라마에 푹 빠졌답니다. 유럽의 고성(古城)처럼 웅장한 〈스카이캐슬〉에 사는 사람은 최상류층 가정에 속합니다. 개성이 강한 몇 가정이 등장하는데 그중 노승혜와 차민혁 가정 이야기가 현대 사회에서 우리 주변에 가장 가까이 볼 수 있지 않을까 생각합니다. 냉철하고 권위주의적인 아빠 차민혁, 따스하고 가정적인 엄마 노승혜의 아픔과 갈등이 마치 우리네 보통 부모들의 마음처럼 느껴졌어요. 보수적이고 가부장적인 아빠와 참고 순종적인 아내 사이에서 갈등하는 아이들 모습까지 한국인 가정에서 있을 법한 일이라서 더욱 공감이 가고, 재미가 있었답니다.

노승혜와 차민혁 딸 세리는 일찌감치 미국 유학을 떠나 하버드 대학에 입학하여 캐슬 주민의 부러움을 받았습니다. 차갑지만 논리정연한 차민혁의 꿈은 딸은 하버드 졸업하고 MBA 코스 밟아서 월스트리트 금융인으로 키우고자 하는 것입니다. 쌍둥이 아들 중 한 명은 법조인으로, 한 명은 의사로 키워 한국의 '케네디 가(家)'를 이루겠다는 것입니다.

"우리 세리같이 내 유전자를 완벽하게 물려받았으면…."
"세리 봐, 세리. 나 닮아서 모든 게 퍼펙트하잖아."

라는 민혁의 말 속에서 짐작할 수 있습니다.

민혁은 집 안에 피라미드를 만들어놓고, 정상을 향해 가도록 아이들에게 자신의 교육과 가치관을 강요합니다. 아이들 성적이 민혁의 기대와 맞지 않을 때마다 여지없이 '등신', '실패자'라며 낙인을 찍습니다.

세리가 크리스마스를 맞아 한국에 들어와 결국 가짜 하버드생으로 밝혀지는 반전이 있을 때까지 저도 참 대단한 가정이라고 생각했어요. '저렇게 지독하게 공부시키면 하버드 대학에 보낼 수 있구나.'라는 의구심이 살짝 들었지요. 결국, 세리는 가짜 하버드생임이 밝혀지면서 그 가정에는 엄청난 회오리가 불어닥칩니다. 세리 엄마 노승혜는 가부장적인 남편에게 이혼을 선언하고, 그 사이에서 아이들은 갈등을 겪으며 방황을 합니다.

세리가 가짜 하버드생으로 살아갈 수밖에 없었던 이유는 무엇일까요? 그가 어릴 때부터 받았을 부담감, 기대에 못 미칠까 하는 두려움, 하버드에

합격하지 않았다고 말했을 때 부모가 받을 실망감 등을 마주하기 어려워서입니다. 세리는 부모의 지나친 기대와 부모가 만들어준 세상에서 본인이 어떻게 살아가야 할지 주체성과 방향을 잃어버립니다.

브룸의 기대이론에 보면 사람은 기대하는 만큼 동기부여가 된다고 합니다. 개인의 동기는 자신의 노력이 어떤 성과를 가져온다는 기대와 그 성과가 보상을 주리라는 기대감에 의해 결정된다는 이론입니다. 고전적 경제이론에 바탕을 둔 이론이지만 부모 자녀 간에도 적용할 수 있습니다. 부모가 아이에게 긍정적인 기대를 하면 아이는 부모의 기대에 부응하려고 노력합니다. 그런데 고무줄을 팽팽하게 당기면 최대한 늘어나겠지만, 감당할 한도치를 넘어서면 끊어지고 맙니다. 아이를 향한 부모의 기대가 아이의 역량 치를 넘어서면 그것은 기대가 아닌 부담이 됩니다.

부모가 아이에게 지나친 기대를 하고 아이를 통해 자신이 못다 한 꿈을 이루려고 하는 이유가 무엇일까요? 아이를 하나의 독립된 인격체로 인정하기보다 부모의 소유물로 인식하기 때문입니다. 부모는 아이가 탄 손수레를 끌고 앞서가는 것이 아닌 뒤에서 밀어주는 역할을 해야 합니다.

아이가 가지고 있는 잠재력, 재능, 성격 등을 그대로 인정하고 믿어주어야 합니다. 타고난 잠재력, 재능, 성격은 아이마다 다릅니다. 부모의 생각대로 원하는 위치에 올려놓아야 직성이 풀리는 대상으로 본다면 그 아이는 불행합니다. 아이는 부모에게 속한 소유물이 아니라 존재 자체로 소중하기 때문이지요.

　부모는 조물주가 아닙니다. 아이가 살아가는 데 필요한 인품을 길러주고 그 안에 내재한 재능과 잠재력을 발견하게 도와주는 것으로 충분합니다. 삶을 걸어가는 동안 어려움이나 갈등이 닥쳐올 때 어떻게 헤쳐 나갈지 모델이 되어 주면 최고의 부모입니다.

　아이가 태어나서 성인이 되기까지 부모가 한 말을 녹화한다면 어떤 말을 제일 많이 했을까요? 셀 수도 없이 아이에게 쏟아부었을 말이 무엇일지 돌아보면 귀를 닫고 싶지 않을까요? 만약 다음과 같은 말을 많이 했다면 부모의 말을 편집해야 합니다.

"네가 하는 일이 다 그렇지 뭐. 내 그럴 줄 알았어."
"어이구! 너는 왜 그렇게 느려터지니? 내가 답답해서 못 살겠다."
"빨리 씻고 숙제하라 몇 번이나 말했어? 응? 너는 왜 그렇게 부모 말을 안 듣니?"
"너는 도대체 커서 뭐가 되려고 그 모양이니? 맘에 드는 구석이 하나도 없어."
"우리 애는 집에 와서 하는 일이라곤 게임밖에 없어요. 내가 미쳐 죽어요."
"너 자꾸 그러면 엄마 저 멀리 도망갈 거야. 엄마 없이 살아봐!"

상처 주는 말이 아닌 살려주는 말로 바꾸어야 합니다. 부모의 말은 아이의 영혼에 각인되고 각인된 말이 아이의 인생이 됩니다. 지금 모습이 부모의 눈에 느리고 거슬리고 답답해 보여도 변하지 말라는 법이 없습니다. 부모가 생각하지 않은 뜻밖의 시간이 올 수도 있습니다. 이 세상 사람이 모두 아이를 믿지 않아도 부모는 아이를 믿어주는 단 한 사람이 되어 주어야 합니다. 아이에게 첫 번째 은인이어야 합니다.

"괜찮아! 그럴 수도 있지."
"엄마는 너를 믿어. 잘할 수 있어. 엄마가 기도해 줄게."
"너는 어떻게 생각하니? 네 생각이 중요해."
"시키지도 않았는데 이렇게 알아서 숙제하는 모습을 보니 너무 대견하다."
"네가 이렇게 상 차릴 때 수저도 놓아주고 하니 엄마가 한결 수월하구나. 고마워."
"천천히 해도 돼. 조금 늦으면 어때. 몇 시까지 마칠 수 있을까?"

아이를 살리는 말로 살아가기에도 너무 부족한 시간입니다. 부모의 살리는 말은 사막에 내리는 단비와 같습니다. 조금씩 아이 내면에 스며들어서 거친 광야 같은 세상을 살아갈 힘이 되지요. 오늘도 아이는 자랍니다. 육아는 마라톤입니다. 100m 달리기를 하면 다 뛰기도 전에 포기하게 됩니다. 부모가 먼저 여유가 있어야 천천히 오래 함께 갈 수 있습니다.

평생의 정서를 결정하는 애착 관계

오은영 박사의 〈금쪽같은 내 새끼〉에 소파와 침대에 껌딱지처럼 붙어 게임만 하는 금쪽이가 나왔습니다. 초등학교 6학년인 금쪽이는 공부에 전혀 관심이 없어 엄마를 애태웁니다. 직장에 있는 엄마에게 하루에 100통이 넘는 전화를 하면서 "엄마 언제 와?"라고 묻곤 합니다. 퇴근 후 고단한 엄마에게 간식 심부름을 시키는 것은 물론이고 잠도 꼭 엄마가 옆에 있어야 합니다. 자신이 잠들기 전에 엄마는 잠자면 안 된다고 보챕니다.

"아니, 어린애도 아니고 6학년인데 부모에게 잠투정하면 되나요?"

출연진의 걱정 소리가 커지는데 정작 엄마는 짜증 한 번 내지 않고 아이의 잠투정을 다 받아주는 모습을 보입니다.

잠을 자던 금쪽이는 "엄마 죽지 마! 엄마 무서워!"라며 고통스러운 울부짖음의 잠꼬대를 합니다. 엄마의 죽음과 부재를 두려워하며 엄마가 살아있음을 끝없이 확인하는 금쪽이에게 어떤 일이 있었을까요? 사실은 1년 전 엄마의 극단적 선택 시도 현장을 눈앞에서 목격한 금쪽이는 외상 후 스트레스 장애를 겪고 있었습니다.

금쪽이는 엄마가 죽을지도 모른다는 두려움과 공포에 오감을 동원하며 맞서고 있었던 것이지요. 성장이 멈춘 것이 아니라 어떻게 살아남을지 몸부림친 것입니다. 아이가 겪은 외상 후 스트레스 장애는 부모와의 집착형 불안정 애착을 형성하고 있다고 봅니다.

아이와 부모와의 애착 유형은 살아가는 데 매우 중요합니다. 아이 중에서 영유아의 애착 대상은 엄마라고 볼 수 있는데 애착 유형의 종류와 특징을 요약하면 다음과 같습니다. 애착은 인생 초기에 가까운 사람과 친밀한 정서적 관계를 맺는 것을 말합니다. 부모의 양육방식은 아이와의 애착 형성에 평생 영향을 줍니다. 다음의 애착 유형을 참고하여 내 아이가 어떤 유형인지 알아보고 그에 따라 양육방식을 정해야 합니다.

첫째, 안정 애착 유형입니다.

안정 애착 유형이 형성된 아이는 혼자 있을 때나 부모가 없을 때 약간 불안해하다가 부모가 있으면 안정을 찾습니다. 부모가 아이의 욕구를 충분히 충족시켜 주면 아이는 부모를 신뢰하고 또래 관계도 안정적으로 형성됩니다.

1. 아이가 태어난 날은 생애 가장 아름다운 날이다

둘째, 회피형**(무시형)** 불안정 애착 유형입니다.

부모가 아이의 욕구에 즉각 반응하지 않거나 충분히 충족시켜 주지 못할 때 형성됩니다. 부모에 대한 신뢰가 부족하기에 부모를 낯선 사람 대하듯 하는 유형입니다. 이런 아이는 무슨 일이든 쉽게 포기하고 타인과 관계 형성에 어려움이 따릅니다.

셋째, 저항형**(집착형)** 불안정 애착 유형입니다.

부모가 있을 때는 물론, 부모가 없을 때도 불안해하는 유형입니다. 부모가 아이의 욕구에 어떤 때는 반응해 주고 어떤 때는 무시하는 등 일관성없는 양육을 할 때 형성됩니다. 이런 아이는 원하는 것을 얻기 위해 떼쓰고 우는 행동을 하며 감정 기복이 큽니다. 다른 아이보다 민감한 반응을 보이고 또래 관계에서 쉽게 화를 내거나 공격성을 보이기도 합니다. 부모에게 지나치게 의존적인 모습을 보이고 함께 있는 사람을 불편하게 만듭니다.

넷째, 혼란형 불안정 애착 유형입니다.

부모와 접촉을 좋아하지 않고, 부모와 분리되어도 별로 슬퍼하지 않는 유형입니다. 부모에게 학대당했거나 방치당한 아이에게서 보이는 유형입니다. 무표정하고 우울한 성향을 보이고 또래 관계가 적대적이어서 사회성이 부족합니다.

영유아의 애착 유형은 부모와의 관계와 사회생활에 큰 영향을 끼칩니다. 태어나 만 3세까지 부모와의 관계에서 형성된 애착 유형은 일평생 자존감과 대인관계와 관련이 있습니다. 만 3세 이전에 안정적인 애착을 형성할 수 있도록 해야 합니다. 불안정 애착 유형이 형성된 채로 부모가 되어 아이를 낳게 되면 아이와의 관계가 대물림될 가능성이 있음을 명심해야 합니다.

승우는 성탄절 선물로 아빠에게 레고를 사달라고 졸랐습니다.

"아빠! 백화점에 가서 레고 사 주면 안 돼요?"
"야! 지난 어린이날에도 커다란 장난감 총 사 주었잖아. 얼마나 비싼 건데…."
"아빠가 나한테 해 준 것이 뭐가 있어요?"

이때 부모와 건강한 애착 유형을 갖춘 아빠라면 아이에게 이렇게 말할 것입니다.

"아빠가 너에게 해 준 것이 없다고 생각하는 거야? 아빠한테 서운한 것이 있어?"
"어린이날 장난감 사 주긴 했는데 내 생일에 동물원 간다고 하고서 아빠 출장이라서 못 갔잖아요."
"아 그래서 아들이 서운했구나. 미안하다. 레고는 아빠가 사 줄 수 있는

1. 아이가 태어난 날은 생애 가장 아름다운 날이다

적당한 선에서 찾아보자."

이처럼 아이와 건강한 대화를 시도할 거예요. 그런데 아빠가 자신의 원부모에게 무시를 당하고 욕구불만을 가진 채 자랐다면 다르게 대화를 할 것입니다.

"뭐라고? 아빠가 뼈 빠지게 일하고 돈 벌어서 먹이고 가르쳤더니 아무것도 해 준 것이 없다고? 나가. 이제부터 너 아무것도 안 사 줄 줄 알아."

라며 소리를 냅다 지릅니다.
아이는 영문도 모른 채 더는 아빠에게 레고를 사달라고 하지 않고, 갖고 싶은 욕구를 감추게 됩니다. 갖고 싶은 레고는커녕 아빠를 화내게 했다는 죄책감과 분노가 아이를 힘들게 할 것이 분명합니다. 원부모와 불안정한 애착을 형성하여 낮은 자존감을 가진 부모는 아이가 자신의 자존감을 건드렸다고 생각하면 불같이 화를 내게 됩니다.

두 부류의 아빠가 각각 아이를 사랑하는 마음이 다르지는 않습니다. 내가 정말 불안정한 애착을 가진 부모라면 속히 자신을 인정하는 용기가 필요합니다. '내 부모도 잘 알지 못해서 나에게 상처를 주고 보듬어주지 않아 나도 아이를 대하는 것이 까칠하구나.'라고 말입니다. 부모가 자신을 인정하면 변화할 수 있는 여지가 충분합니다.

심리적으로 욕구불만이 쌓인 아이는 때로 부모를 공격하고 파괴적인 말로 상처를 줍니다. 부모가 무섭다고 생각하는 아이는 속으로 분노를 삼키고, 우울하고 고통스러운 마음을 지닌 채 살아갑니다. 이런 아이들이 더는 공격적이거나 우울한 삶을 살지 않도록 해야 하는 것이 부모의 사명입니다.

부모화의 대물림을 끊어라

부모는 아이가 자신을 바라보는 '창' 또는 '거울'이라고 할 수 있지요. 양육자가 자신을 보고 활짝 웃거나 행복한 표정을 보면 행복한 사람이라고 느낍니다. 자신을 바라보지 않거나 화를 내고 무관심한 표정을 보면 다른 사람이 싫어한다고 생각합니다. 볼비(Bowlby)는 아동의 애착 행동이 발달하는 과정을 4단계로 구분하고 있습니다.

1단계는 애착 전기로 생후 3개월까지 시기입니다. 울기, 보채기, 쳐다보기 등으로 자신을 바라보도록 다른 사람의 반응을 이끌어냅니다. 애착 대상과 낯선 사람과의 구분이 명확하지 않고 누구라도 미소를 지으며, 자신의 곁을 떠나면 우는 경향이 있습니다.

2단계는 애착 형성기로 생후 3개월에서 6개월까지의 시기입니다. 사회적 미소, 옹알이, 쳐다보는 행동을 합니다. 익숙한 사람과 낯선 사람과의 구별을 어느 정도 하게 됩니다. 아이의 애착 행동은 몇몇 익숙한 사람에게 한정되며 낯선 사람에게 어느 정도 경계를 합니다.

　3단계는 애착기며 생후 6개월에서 3세의 시기입니다. 이 시기에는 애착 대상에게 다가가 안기려고 행동합니다. 애착 대상에 대한 이미지를 마음속에 새길 수 있게 됩니다.

　4단계는 생후 3세 이후의 시기로 어머니와의 분리에 대한 타협이 가능한 시기입니다. 생후 3세 이전까지 제대로 통합이 이루어지지 않았을 경우 분리불안을 심하게 겪기도 합니다.

　승민이 엄마 이름은 영주입니다. 어릴 적 부모에게 살뜰한 사랑을 받은 기억이 없습니다. 책임감이 없고 늘 밖으로만 도는 아빠, 4남매를 키우려고 조그마한 분식집을 운영하여 김밥, 떡볶이, 어묵 등을 팔았던 엄마에 대한 기억은 늘 바쁘게 동동거리던 모습뿐입니다. 맏이인 영주는 바쁜 엄마 대신에 동생들 밥 차려주고 씻기고 숙제를 봐주는 일은 매일의 일상이었답니다.

　수업을 마친 후 아이들은 운동장에서 학원 차를 기다리며 미끄럼이나 그네를 타기도 하고, 시소 놀이를 합니다. 영주는 이런 친구들이 부럽습니다. 교실에서 영주는 늘 외톨이었답니다. 아이들은 쉬는 시간만 되면 친한 친구끼리 모여서 놀기도 하고 이야기도 합니다. 아직 초등학교 2학년인 영주는 친구들 틈에 끼어 놀고 싶었지만, 마냥 물끄러미 바라만 보았어요. 1학년 때부터 따돌림을 받았던 터라 섣불리 다가가서 상처를 받을까 두려웠어요.

그날도 영주는 수업을 마치고 혼자 운동장을 지나옵니다. 운동장 옆으로 그네, 시소, 미끄럼틀 등 운동 기구가 나란히 있습니다. 그날따라 1학년 때 한 반이었던 은자가 혼자 그네를 타고 있었어요. 은자는 부모님이 이혼한 후 할머니와 사는 아이인데 그 아이도 영주와 비슷한 성격이라서 친구들과 잘 어울리지 못했습니다. 키가 작은 은자는 맨 앞자리에 앉았고, 키 큰 영주는 맨 뒷자리에 앉았습니다. 아주 친하지는 않았지만, 가끔 쉬는 시간에 화장실에 같이 가기도 한 사이였어요. 따뜻한 햇볕이 쏟아지는 봄날, 흔들흔들 그네 타는 은자의 모습이 너무 부러웠답니다.

"영주야, 나랑 그네 타고 놀래?"

영주는 누군가 오랜만에 자기 이름을 불러주는 것이 너무 반가웠습니다. 교실에서 선생님이 가끔 이름을 불러주는 것 외에는 또래 친구가 이름을 불러주는 일이 거의 없거든요. 순간 영주는 그네를 타고 싶은 마음과 빨리 집에 가서 엄마 대신 동생을 돌봐야 한다는 두 마음이 다툽니다. '조금만 타고 가야지.'라고 생각한 후 은자랑 나란히 그네를 탔어요. 늘 혼자였던 영주는 둘이서 그네 타는 것이 너무 좋았답니다.

"너 오늘 학원 안 가?"

방과 후에 미술학원에 다니는 은자가 영주에게 묻습니다. 영주는 학교가 끝난 후에 학원이나 방과후 학교에 가는 아이가 부러워요.

"아니? 나는 학원 안 다녀. 집에 가서 동생 봐야 해. 우리 엄마가 바빠서…."

영주는 신나게 그네를 타다가 갑자기 동생이 생각났어요. 아직 세 살밖에 안 된 동생을 돌봐야 엄마가 분식집에서 일할 수 있거든요. 영주는 콩닥콩닥 뛰는 가슴을 안고 빠른 걸음으로 집으로 향했습니다. 그러자 엄마의 불호령이 떨어집니다.

"학교 끝나면 빨리빨리 집에 오지 않고 뭐해? 엄마 할 일이 얼마나 많은데, 빨리 방에 들어가서 아기랑 놀아줘. 방 청소도 좀 하고!"

영주는 부모의 따뜻한 보살핌을 느낀 적이 별로 없습니다. 영주가 태어난 지 얼마 되지 않았을 때, 엄마는 노점에서 붕어빵 장사를 하느라 제대로 젖

Ⅰ. 아이가 태어난 날은 생애 가장 아름다운 날이다

을 먹이지 못했다고 합니다. 엄마는 영주를 업고 장사를 했습니다. 영주가 어느 정도 걸을 수 있게 되자 이웃 할머니가 낮에는 돌보아 주셨다고 해요.

어느 날 영주 엄마는 볼 일이 있어 집에 들렀습니다. 그런데 할머니는 없고 아기는 방에서 울다 울다 지쳐 쓰러져 자고 있었다고 해요. 기저귀를 보니 똥오줌이 범벅이 된 채 아랫도리가 벌겋게 달아오른 모습을 보고, 너무 속상해서 울었다는 엄마의 넋두리를 가끔 들었답니다. 그래도 어쩔 수 없이 두 해를 할머니에게 맡겼다고 합니다.

영주는 부모가 되어 초등 5학년인 승민이와 1학년 승지를 키우고 있습니다. 남편의 수입이 일정하지 않아 맞벌이합니다. 아이가 어느 정도 컸다고 생각하고, 작년부터 오후 시간에는 마트 점원으로 일하고 저녁 시간 때쯤 퇴근을 합니다. 승민이 엄마도 퇴근하면 쉴 틈이 없어요. 몸이 피곤하지만, 밀린 집안일이나 아이들 숙제와 준비물로 챙겨야 하고 저녁 준비를 해야 하기 때문이지요.

그런데 집에 오면 어질러진 방과 먹다 버린 과자 봉지와 아이스크림 껍질 등을 보면 너무 화가 납니다. 승민이는 방에 틀어박혀 엄마가 오는지 관심도 없고 게임 하느라 바쁘네요. 승지도 가방을 집어 던진 채 텔레비전을 보느라 정신이 없어요. 승민이 엄마는 아들이 이해가 안 됩니다. 엄마가 오기 전에 방도 치워놓고 숙제를 하든지 책을 좀 보라고 그렇게 잔소리를 해도 변하는 것이 아무것도 없어요.

"승민아! 게임 그만하지 못해?"
"알았어. 이것만 하고!"
"내가 너 때문에 못 살아! 응? 너는 매일 게임만 하고, 동생 간식도 좀 챙기지 않고, 도대체 엄마 말이 말 같지 않니?"
"알았다고요! 아이, 내 맘대로 게임도 못 하나?"

어린 동생을 돌보지도 않고 게임에 빠져 있는 모습만 보면 승민이 엄마는 화가 나서 견딜 수가 없습니다. 맏이인 아들이 부모 대신에 집안일도 도와주고 동생도 돌봐주어야 하는데 그런 생각조차 없는 아이가 밉기만 합니다. 엉망진창인 집안 모습을 보면, 자신이 너무 한심하다고 느껴집니다. 맏이인 아들이 엄마의 마음을 몰라주는 것 같아서 마음 둘 데가 없습니다.

아직 보살핌을 받아야 할 어린 나이에 부모처럼 동생을 돌보는 현상을 '부모화'라고 합니다. 어릴 때 '부모화'를 경험한 사람은 과중한 책임감을 갖고 살아갑니다. 또한, 욕구를 억누른 채 자라서 자존감이 낮고 열등감이 많은 경향이 있습니다. 부모의 욕구를 대신 채워주는 대리자 역할을 하기에 주위에서 '착하다.', '어른스럽다.', '기특하다.'라는 말을 듣고 자랍니다. 배

Ⅰ. 아이가 태어난 날은 생애 가장 아름다운 날이다

려심과 책임감이 강하여 언뜻 보기에는 사회생활을 잘할 것 같지만 실제는 반대입니다. 숙명여대 대학원 아동 심리치료 전공 문비씨의 「부모화 경험이 대인관계 문제에 미치는 영향」이라는 연구 논문이 있습니다. 부모화를 경험한 사람은 대인관계와 사회생활에 어려움을 겪고, 오히려 타인을 통제하려고 하거나 쉽게 짜증을 내는 경향이 있다고 합니다.

어릴 때 부모화를 경험한 승민이 엄마는 '자녀는 부모를 도와야 한다. 부모 대신에 동생도 돌보고 집안일도 해야 한다.'라는 마음이 자리 잡고 있어요. 아이가 그런 모습을 보이지 않으면 화가 나고 미움이 일어납니다. 하지만, 승민이도 아직 부모의 보살핌이 필요한 아이입니다. 어린 시절 자라면서 부모화를 경험했다면, 자녀에게 대물림하며 세대 간 악순환이 이어지지 않도록 주의해야 합니다. 자신의 욕구를 채우지 못하고 결핍된 상태로 자란다면 부정적인 정체성을 갖게 됩니다. 따라서, 부모화를 경험한 부모는 자기 수용과 자기 이해가 먼저 되어야 합니다. 이를 위해서는 심리 검사를 받거나 상담 전문가의 도움도 필요합니다.

육아의 비밀 열쇠가 담긴 부모의 뿌리 감정

이무석, 이인수의 『스펙보다 중요한 내 아이의 자존감』에 따르면 아이가 막 태어났을 때 뇌 뉴런의 수가 1,000억 개 정도가 됩니다. 이 세포들은 아직 시냅스를 만들지 못하고 분리된 상태로 둥둥 떠 있습니다. 마치 결합하지 않은 부품 상태와 같다고 합니다. 이때 어떤 경험을 하면 시냅스를 만들어 저장합니다. 기분 좋은 경험을 많이 할수록 시냅스가 더 잘 만들어지고, 사고력이 발달합니다.

아이는 생후 2년에서 3년이 애착 형성에 가장 중요합니다. 이 시기 동안 평생의 정서가 결정된다고 합니다. 갓 태어난 아기는 부모의 표정과 목소리를 보며 세상을 봅니다. 엄마의 웃음소리, 환한 표정, 아빠의 다정한 목소리를 들으며 세상은 따뜻한 곳, 안전한 곳이라는 생각이 아기의 무의식 속에 담깁니다.

안타까운 것은 부모가 될 마음의 준비가 되지 않은 채 부모가 된 경우입니다. 아기가 배고프면 젖을 주고, 축축한 기저귀를 갈아주는 것이 전부가 아닌데 말이죠. 원하지 않는 임신과 출산 후 아이의 울음소리에 스트레스를 받은 아빠가 아이를 학대한다는 뉴스를 접하면 마음이 너무 아픕니다. 고귀한 어린 생명이 이유도 모른 채 고통을 당하는 일이 심심찮게 일어나요.

부모가 되는 일이 어디 쉬운가요? 자격증을 하나 따더라도 많은 시간과 돈을 투자해야 합니다. 이 세상에 가장 어렵고 힘든 일이 부모라는 일입니다. 그런데 부모가 되기 위해 우리는 무엇을 준비했을까요? 아이를 키우면서 일어나는 여러 가지 일들, 파노라마처럼 펼쳐지는 수많은 감정적 정서적 경험들, 예기치 못한 상황이 닥칠 때 부모는 당황하게 됩니다.

그렇죠. 결혼 전과 결혼 후의 생활은 완전 180도 다릅니다. 아이를 키우는 부모가 된다는 것은 한 생명이 세상을 살아가도록 발판을 놓는 소중한 일입니다. 나만 키우는 것이 아니라 다른 사람을 키우는 일인 셈이죠.

얼마 전에 생후 20개월 된 아기를 폭행해 뇌사상태에 빠뜨린 20대 아빠에 대한 뉴스를 접했습니다. 아이는 다리가 부러지고 온몸에 상처가 생길 정도로 학대를 당했습니다. 단지 밤에 잠을 자지 않고 울었다는 이유로 아빠는 아이를 이불로 덮은 채 주먹과 발로 수십 차례 폭행했습니다. 그는 경찰 조사에서 "생활고로 스트레스를 받던 중 어느 순간부터 딸의 울음소리가 짜증 나기 시작했다."라고 말했습니다.

부모가 된다는 것은 어른이 된다는 일입니다. 어른은 충동적으로 행동하지 않고, 한 번 더 생각하고 행동합니다. 어떤 면에서 부모에게도 부모 자격증이 필요합니다. 그런데 이 부모 자격증은 정부나 민간에서 부여하는 것이 아니라 셀프 자격증으로 준비해야 합니다. 이 부모 자격증에서 가장 중요한 것은 인간에 대한 이해와 사랑입니다.

아이가 부모에게서 생물학적인 존재로만 태어나는 것은 아닙니다. 잘 먹고 잘 싸고 잘 자라는 것도 중요하지만, 아기는 부모의 사랑으로 자신의 존재를 확인합니다. 아이는 살아가는 동안 얼마나 많은 다사다난한 일들을 겪을까요? 우리 어른이 그래왔듯이 이 아기도 태어난 순간부터 세상이라는 파도를 넘나들면서 예기치 못한 일들을 겪어야 합니다. 어른은 아이에게 세상에서 살아갈 힘을 얻을 수 있도록 작은 용기를 줍니다. 따뜻한 미소와 사랑스러운 말로 아이에게 "그래도 세상은 살아갈 만한 곳이야."라고 알려주는 일이죠.

사람이 사람을 키운다는 것보다 더 위대한 일이 없습니다. 사람을 키운다는 것은 단지 의식주를 해결해 주는 것이 아닙니다. 아이를 키우는 일은 아이의 일생을 가꾸는 것입니다. 짜증 나게 하고 스트레스를 준다는 이유로 아이를 학대하는 일은 이미 부모이기를 포기한 것입니다. 다시는 이런 일이 일어나지 않기를 바랄 뿐입니다.

따지고 보면, 아이를 학대한 부모는 자기 자신을 사랑하지 않는 사람입니다. 자기가 싫어서 애먼 아이에게 화풀이하는 것이지요. 결국은 먼저 자신을 사랑하는 일부터 배워야 합니다. 즉 부모 자격증을 갖추려면 자신을 알고 이해하고 사랑해야 합니다. 자기를 사랑하는 일은 쉽지는 않습니다. 부모에게 인정받지 못하고 자란 사람은 열등감에 시달리고 자책감에 고통받는 사람이 많습니다. 자신을 이해하지 않고 사랑하지 않는 사람은 다른 사람을 받아들이기 어려운 일입니다.

아이가 울고 보챌 때 부모는 '아이가 무엇이 불편해서 이럴까?'라며 그 원인을 생각하는 것이 당연합니다. '왜 나를 짜증 나게 해?'라는 생각이 드는 부모라면 마음 상태를 점검해 보아야 합니다. 부모에게 사랑과 인정을 받지 못해서 자존감이 낮은 것인지, 부모에게서 받은 상처가 나를 괴롭게 하는지 돌아보아야 합니다. 어릴 때 부모에게 일방적으로 폭력을 당하면 내재한 열등감과 보복 심리가 비슷한 상황에 분출됩니다. 자신이 원하지 않았지만, 폭력이 모델링 되어 자연스럽게 행동으로 나타날 수도 있습니다.

아이의 울음이 자신에 대한 의도적인 도발로 인식하고, '네가 울어서.', '나를 괴롭혀서.'라는 핑계로 아이에게 폭력을 행사합니다. 이런 부모도 가끔은 아이가 연약하고 의존적인 존재를 깨닫기는 합니다. 하지만, 어느 순간 학대 충동이 꿈틀거리면, 아이를 연약하고 의존적인 존재가 아니라 자신에게 반항하는 아이로 인식합니다. 어릴 때 부모에게 당한 것처럼, 자신도 아이를 학대합니다. 학대하는 부모는 아이를 보호받고 사랑받을 대상이 아니라 자신의 고통스러운 감정을 처리하는 감정 쓰레기통으로 여기는 것입니다.

'부모'라는 이름이 따뜻한 품속처럼 나를 품어주는 존재가 아니라 아프게 혹은 불편하게 다가오는 사람을 간혹 봅니다. 제가 아는 한 젊은 엄마는 뜻하지 않은 만남으로 대학생 때 임신을 하고 결혼을 하게 되었습니다. 그는 아이를 낳은 지 얼마 되지 않아 부모에게 절교를 선언하더군요. 어릴 때 부모가 자신을 학대했다는 이유였습니다.

부모의 그늘에 억눌려 있던 불편한 감정이 부모를 떠나면서 수면 위로 떠오릅니다. 너무도 예쁜 아기를 품에 안고, '나도 엄마의 아기였는데 엄마는 왜 나를 학대했을까?'라는 고통스러운 감정과 마주합니다. 그런 후 부모와 왕래는 물론 통화도 하지 않고 살아갑니다. 다정한 모녀처럼 보였던 그들 가족이 물리적 단절은 물론 정서적 단절을 한 채 살아갑니다. 그 모습을 보면서 마음이 아팠고 가족의 의미를 더 생각해 봅니다.

아무리 친밀한 가족이라도 언어나 신체 폭력 등 학대는 금물입니다. 학대는 정서적으로 사람을 피폐하게 만들고, 그 상처로 인해 내면의 성장이 멈춥니다. 상처가 사람의 내면에 자리 잡으면 그는 몸은 자라도 정신이 성장하지 않는 '성인 아이'가 됩니다. 어른이 아닌 아이인 채로 성인이 됩니다.

아이는 자라면서 끊임없이 자신의 욕구를 분출합니다. 어릴 때는 울음으로 표현하다가 차츰 자라면서 언어로 표현하지요. 때로는 지나친 요구를 하기도 하고, 부모의 욕구와 충돌하여 불편한 관계를 유지하기도 합니다. 이때 적절한 대화로 서로의 욕구가 충돌되지 않으면서 가장 합리적인 대안을 이끌어내는 것이 중요합니다. 힘의 크기에서 앞선 부모가 일방적으로 아이의 의견을 무시하거나 욕구를 억압하는 것은 매우 위험합니다. 부모와 아이와의 관계가 한 번 금이 가면 점점 그 금이 갈라져서 돌이킬 수 없는 적대적 관계까지 갈 수 있기 때문입니다.

부모는 아이를 사랑하고, 아이의 사랑을 받으면서 부모가 된 보람을 느낍니다. 아이가 부모를 생각할 때 감사할 수 있다면 최고의 부모입니다. 부모는 자녀에게 사랑을 주고 또 주어야 합니다. 마음에 들지 않는 부분이 많다고 해서 불평할 이유는 없습니다. 아이는 오늘 변하고 내일 자랄 수 있는 존재입니다.

〈슈퍼맨이 돌아왔다〉라는 TV 프로그램에서 스웨덴 엄마 따루와 비혼모인 사유리가 육아에 관한 이야기를 나누었습니다. 사유리 친구이며 아이 둘의 엄마인 따루는 "부모가 아이를 키우는 것이 아니라 아이가 부모를 키우는 것 같아."라는 말을 했을 때 너무 공감이 갔답니다. 아이에게 불편한 감정이 생길 때 꼭 질문하고 싶습니다.

"당신은 어떤 부모 아래서 자랐습니까?"
"당신의 부모는 어떤 부모였습니까?"
"나도 모르게 나의 부모처럼 말하고 행동하지는 않나요?"

이 질문이 부모인 당신을 더욱 성장시킬 것을 확신합니다.

아이는 감정의 쓰레기통이 아니다

　아이를 낳아 키운다는 것은 엄청난 에너지를 쏟아붓는 일입니다. 몇 시간의 허리가 부서지는 통증을 딛고 작고 여린 아기를 품에 안을 때 온 세상을 얻은 것 같지요. '내가 이제 부모가 되었구나.'라는 말로 표현할 수 없는 뿌듯함, 감사함, 가슴 뛰는 설렘이 작은 물결처럼 요동칩니다. '잘 키울 수 있을까?'라는 불안함, 기진맥진함, 혼란스러운 감정들도 스쳐 지나갑니다. 손에 잡히지 않지만 복잡다단한 감정을 셀 수만 있다면 밤을 새워도 모자랄 것 같네요.

　이 세상에 태어나 살아가는 동안 부모가 느끼는 감정 스펙트럼은 참으로 다양합니다. 감정 주머니 속에 있는 감정은 울퉁불퉁한 육아의 시간을 거치면서 가지치기를 합니다. 작고 예쁘기만 한 엄마 품속 아이가 조금씩 자아를 찾아가면서 부모는 소위 '미운 네 살'과 마주하지요. 이때부터 부모의 생각 주머니 한쪽에 숨어 있던 감정 계좌도 하나씩 인출됩니다. 때로는 부모 자신도 모르는 어지럽고 꾸덕꾸덕한 감정도 드러나지요.

신기하게도 부모는 아이를 키우면서 자신이 어릴 때 부모에게 가졌던 감정이 아이에게 투사됩니다. 투사는 '자신의 성격, 감정, 행동 따위를 스스로 이해할 수 없거나 만족할 수 없는 욕구를 가지고 있으면 그것을 다른 것의 탓으로 돌림으로써 자신은 그렇지 아니하다고 생각하는 일, 또는 그런 방어 기제, 자신을 정당화하는 무의식적인 마음의 작용을 이른다.'라고 국어사전에 설명하고 있습니다. 조금 어려운 단어라고 볼 수 있는데요.

영선이는 부모가 늘 다투는 가정에서 자랐습니다. 일방적으로 당하는 쪽은 엄마였는데 영선이는 엄마가 참 불쌍하다고 느낍니다. 아버지의 폭언과 폭력에 지친 엄마가 처지를 한탄하며 자신에게 한 말이 아프고 생생하게 기억됩니다.

"엄마는 네 아버지랑 더는 못 살겠어. 서울로 도망갈 거야."

엄마 말을 안 듣거나, 성적이 떨어질 때마다 "너 말 안 들으면 엄마 도망간다고 했지?"라는 말로 딸을 옭아매는 일이 많았답니다. 영선이는 학교에서 공부하다가도 수시로 불안이 반갑지 않은 손님처럼 불쑥불쑥 찾아옵니다. '혹시 오늘 엄마가 서울로 도망갔을지도 모른다.'라는 생각에 공부가 머리에 들어오지 않습니다. 시험을 치를 때마다 성적에 대한 염려로 가슴이 콩닥콩닥 뜁니다. 시험 성적이 떨어지면 엄마가 도망갈 거라는 말이 귓전에 잠자리처럼 맴돕니다.

아이에게 세상의 전부인 엄마를 잃을지도 모른다는 생각은, 인간이 느낄 수 있는 가장 큰 불안입니다. '유기 불안'이라고 말하는 이 불안은 자신이 버림받을 수 있다는 생각뿐만 아니라 자존감에 큰 영향을 줍니다.

"너만 낳지 않았어도 엄마는 네 아빠랑 살지 않았어."

영선이는 이 말을 들을 때마다 '나는 엄마를 괴롭히려고 태어났나 봐.'라고 자신의 존재에 대해 정체성의 혼란을 느낍니다. '나는 왜 세상에 태어났을까? 차라리 태어나지 않는 것이 좋을 뻔했어.'라고 생각하며 죄책감에 빠집니다. 아이의 갈등은 살아갈 힘마저 빼앗아버립니다.

엄마가 집을 나가고 싶은 마음은 아이의 잘못이 아닙니다. 아버지와의 갈등에서 온 문제를 아이의 실수 때문이거나 시험을 망쳐서 온 문제인 것처럼 아이에게 투사하고 있습니다. 물론 부모도 연약하고 넘어질 수 있습니다. 하지만, 무심코 한 말이 아이의 가슴에 평생 상처로 남는다는 것을 기억해야 합니다. 부모 자신의 문제는 거기서 끝내야 합니다. 어른답지 못한 부모는 아이처럼 자신의 문제를 다른 사람에게 전가합니다.

자녀는 부모의 감당하기 힘든 슬픈 감정을 쏟아내는 감정 쓰레기통이 아닙니다. 부모의 감정 받이로 아이를 택해서는 안 됩니다. 유아기에 부모에게 들은 말이 아이의 마음에 비수같이 상처로 남아 있는 이유가 있습니다.

아이에게 가장 발달한 뇌 영역은 측두엽인데 이 부위는 청각을 담당합니다. 우리의 편도체는 부정적인 감정에 특히 민감하며 기억을 저장하는 해마 옆에 존재합니다. 해마체에서는 기억을 단기 기억, 장기 기억, 일시적 기억으로 분류하며 불안과 공포가 실린 기억은 장기 기억에 저장됩니다. 비슷한 상황에 닥칠 때 장기 기억에 저장되어 있던 부정적 감정이 수시로 최전선으로 튀어나오게 됩니다.

"너만 아니었어도 엄마는 벌써 서울로 도망갔을 거야."라는 엄마의 말이 장기 기억에 저장됩니다. 평상시에는 잊고 살지만, 완전히 잊은 건 아닙니다. 장기 기억에서 언제나 튀어나올 준비를 하고 있어요. 영선이는 어느덧 자라서 결혼을 하고 부모가 됩니다. 부모의 지지와 칭찬을 받지 못한 엄마는 열등의식이 있습니다.

무의식 속에 아이를 통해서 무언가 얻기를 기대하는 마음이 잠재되어 있지요. 아이가 잘 자라고 부모의 욕구를 만족시켜 줄 때는 그런대로 괜찮은 부모입니다. 천재처럼 받아쓰기 시험을 봐도 100점만 받아옵니다. 그때마다 엄마 마음은 너무 뿌듯합니다. 잘 크던 딸이 초등학교 2학년이 되던 어느 날입니다. 학교에서 돌아온 아이는 풀이 죽어 있었고, 너무 불안해 보여요.

"엄마! 친구들이 안 놀아줘. 자기들끼리만 놀아."
"왜 무슨 일이 있었어? 저번에 네 짝이랑 재미있게 놀고 왔다고 했잖아."
"근데 내 짝도 다른 애들하고만 놀아. 쉬는 시간에도 혼자만 있어. 나도 놀고 싶은데."
"네가 적극적으로 놀자고 해 보지 그랬어? 바보같이 말도 못 하고…."

엄마가 속상한 마음에 다그치자 아이는 참고 있던 울음보가 터집니다. 학교에서 온종일 혼자 있던 아이를 생각하니 아이가 안쓰럽기도 하고, 덩그러니 홀로 있는 섬처럼 외로워 보입니다. 아이의 속상함이 엄마의 생각에 비집고 들어옵니다. 엄마가 가버릴까 봐 홀로 남겨질까 봐 불안했던 어린 시절이 떠오릅니다. 장기 기억에 저장되었던 슬프고 고통스러운 기억들이 마치 활주로처럼 확 뚫려버립니다. 버림받을까 봐 두려웠던 마음이 되살아나서 오히려 아이에게 투사됩니다. 마치 아이가 따돌림받는 것이 엄마의 잘못인 것처럼, 지난날 상처의 찌꺼기가 혼탁한 강물처럼 기억의 흐름을 타고 흘러옵니다.

이것이 바로 대물림입니다. 아이를 감정의 쓰레기통으로 삼은 부모는 같은 잘못을 반복할 확률이 높습니다. 부정적인 감정을 대물림하지 않기 위해서 인생을 편집해야 합니다. 끊을 것은 끊어버리고 가야 합니다. 그러려면 가장 먼저 해야 할 일은 인정하는 일이지요.

나에게 남아 있는 죄책감, 불안, 열등의식을 정확하게 바라보세요. 그러한 감정의 이름을 불러보세요. 조용히 엄마의 내면을 바라보세요. 인정하면 조금씩 그 감정의 실체가 드러납니다. 감추고 숨기고 포장하면 오히려 역효과가 납니다. '나에게 이런 열등감이 있구나.' 인정하는 것이 인생 편집하는 가장 빠른 길입니다.

부모의 말이 바뀌어야 아이가 바뀐다

저는 〈슈퍼맨이 돌아왔다(슈돌)〉이라는 텔레비전 프로그램을 참 좋아합니다. 도경완(장윤정 남편)과 연우, 하영이가 등장하는 모습을 보노라면 흐뭇한 마음이 들어요. 도경완은 바쁜 엄마를 대신해서 아이들과 함께 몸을 부대끼며 놀아주고 장난감도 만들고 친구도 초대합니다. 요리도 하면서 간식도 챙겨주는 자상한 아빠의 모습이 매우 보기가 좋아요. '훌륭한 아빠'여서라기보다 부족하고 어설프지만, 노력하는 모습을 보여주는 부분에 시청자가 크게 공감하는 것 같아요.

몇 해 전, 아빠 도경완은 서로 기질이 다른 연우와 하영이의 기질 검사를 의뢰한 내용이 방영되었어요. 하영이는 새로움을 좋아하고 낯선 것을 추구하는 성격이지만, 연우는 조심스러운 성격이라는 결과가 나왔습니다.

이런 결과를 본 도경완이 한 말이 인상 깊었어요. 아이에게 자상하고 친절한 아빠로 알려진 그는 "좋은 아빠가 아니었던 것 같다. 연우가 소심하고 부끄러워하는 걸 적극적으로 하라고 압박했고, 때로는 심하게 뭐라고 한 것 같기도 하다."라고 안타까워합니다. 아이를 이해하지 못한 것이 아니냐는 반성을 하면서 기다려주어야 하는지 돌아보는 도경완의 모습이 묵직한 울림으로 다가옵니다. 받아쓰기를 잘하지 못하는 연우에게는 "처음부터 잘하는 사람은 없어. 하다 보면 느는 거야."라고 다정하게 용기를 북돋아 주는 모습도 눈길을 끌었습니다.

아이를 키우면서 좌충우돌할 때마다 '나는 나쁜 부모인 것 같아.'라고 자책할 때가 많지요. 자책감이 마치 아이를 키우는 부모의 전유물인 것처럼 기생충처럼 붙어있어요. 부모에게서 떼래야 뗄 수 없는 고리가 되어 육아 효능감을 조금씩 갉아먹고 있습니다. 어떻게 해야 할지, 어떤 말을 해야 할지 몰라 텔레비전의 육아 강연이나 유튜브의 육아방송도 열심히 시청합니다. 막상 일이 닥치면 상식은 온데간데없고 원래 가지고 있던 체질이 나옵니다. 머리로는 알겠는데 실제 상황에서는 버럭 화내고 소리 지르고 상처 주는 말을 하고, 뒤돌아서는 후회하는 생활이 반복됩니다.

육아서적으로 오랫동안 주목을 받는 오은영 박사의 『어떻게 말해줘야 할까』 읽어보셨나요? 한 꼭지 말미에는 아직은 낯설어서 입 밖으로 나오지 않는 말들을 알사탕 녹이듯이 입안에서 굴려 나에게 녹아들도록 "소리 내어 읽어볼까요?"라는 부분이 나옵니다. 결국, 아이의 행동을 바꾸고 싶다면 부모의 말을 바꿔야 한다는 의미입니다. 이 책의 뒤표지의 글을 옮겨 봅니다.

I. 아이가 태어난 날은 생애 가장 아름다운 날이다

> 이렇게 말해보면 어떨까요?
>
> 뚝! 뭘 잘했다고 울어! → 다 울 때까지 기다려줄게
> 그렇게 뛰어다니면 사람들이 싫어해 → 여기서 뛰면 안 되는 거야

이 책이 부모들의 사랑을 오랫동안 받는 이유가 무엇일까요? 어떻게 말해줘야 할지 구체적인 상황과 함께 아이에게 해 줄 말을 부모 손에 꼬옥 쥐여주었기 때문입니다. 오은영 박사는 여러 번 반복해서 연습할 것을 강조하고 있어요. 낯선 말은 입에 붙지 않아서 여간해서 입 밖에 나오지 않습니다. 연습 또 연습만이 최고의 방법이지요.

맞습니다. 완벽한 부모로 태어나는 사람은 없습니다. 단지 부모도 아이도 성장할 뿐이지요. 말콤 글래드웰이 쓴 『아웃라이어』에 보면 기회를 잡는 성공의 비결을 집중력과 반복을 꼽고 있어요. 부모가 아이와의 관계 회복을 위한 대화를 어떻게 끌어낼 수 있을지요? 한 번 들어서 내 것으로 소화하는 것 자체가 힘들고 어려운 일입니다. 바꾸어 보면, 잔소리가 아닌 훈육이 되는 말을 하려면 대화에도 집중과 반복적 학습이 필요하지요.

학교 교정에 국화전시회와 함께 열렸던 학예회 날이었어요. 초등 4학년인 효연이 부모는 잔뜩 기대하고 학교에 갔답니다. 작년에는 강당에서 작

품전시회를 하고 올해에는 학예회를 하기에 효연이가 초등학교에 들어간 지 두 번째 학예회이네요. 1학년 때부터 학부모회에서 만난 서율이 엄마와 함께 일찍 가서 강당 맨 앞자리에 앉았답니다.

드디어 효연이 반 아이들이 무대에 오를 차례입니다. 효연이 엄마는 마치 자기가 무대에 오를 것처럼 가슴이 쿵쾅쿵쾅 뜁니다. 우리가 학창 시절에 입었던 남녀교복을 입고 등장할 때만 해도 기분이 괜찮았어요. 〈검정 고무신〉이라는 노래와 함께 신나게 춤을 추기 시작하자 처음에 상기된 효연이 엄마의 얼굴이 점점 어두워집니다. 효연이가 키가 작기는 하지만 처음부터 끝까지 맨 뒤 오른쪽 귀퉁이에서 춤을 추는 모습을 보며 속이 상한 것입니다.
  어떤 아이는 맨 앞에서 활짝 웃으며 춤을 추는데 우리 아이는 보일락말락 배경처럼 존재감이 없어요. 마치 앞에 나서기 부끄러워했던 내 모습을 보는 듯해서 더 속상합니다. 효연이가 일부러 뒷자리를 정한 것도 아닐 텐데요.

그날 엄마는 효연이가 집에 오자마자 불편한 심기를 드러냅니다. 학예회에 다녀온 후 마음을 진정하느라 애를 썼지만, 딸을 보는 순간 억눌렀던 감정이 터져 나오는 것이지요.

"너는 하필 맨 뒷자리에서 잘 보이지도 않더라. 다른 애들은 앞에서 잘도 하더구먼."

"엄마! 난 뒷자리가 좋은데? 잘 보이지 않으니까 좀 틀려도 돼요."

"으이구. 넌 누굴 닮아서 그 모양이니? 뒤에 숨어서 하는 게 자랑이야?"

"숨어서 하는 건 아니지. 앞에서 하나 뒤에서 하나 하는 것 똑같잖아요."

"듣기 싫어! 빨리 가서 손이나 씻고 나와."

아이들은 기질이 다 다릅니다. 앞에 나서기를 좋아하는 아이가 있지만, 앞에 나서는 것이 불편하고 힘든 아이도 있습니다. 뒷자리에서 춤춘 것을 거리낌 없이 받아들인 효연이는 앞에 나서는 것을 좋아하지 않았던 것 같습니다. 저도 교직에 있는 동안 학예발표회 때 어느 자리에 아이를 세울까 굉장히 신경이 쓰였지요. 어떤 선생님은 곡이 바뀔 때마다 아이가 서는 자리를 바꾸어, 골고루 설 수 있게 하기도 합니다.

효연이 엄마가 딸이 뒷자리에 선 것을 못마땅하게 생각한 이유는 무엇일까요? 내 아이가 주인공이 되었으면 하는 마음은 부모라면 누구나 가질 법합니다. 효연이 엄마는 뒷자리에서 춤추는 딸을 보면서 소심하여 뒷전으로 밀린 자신의 어린 시절 모습이 생각난 것입니다. 앞에 나서서 멋지게 춤추고 발표도 잘하고 싶지만 마음뿐이었어요.

"누구 책 읽어볼 사람?" 하고 선생님이 물으면 "저요!"라고 손들고 읽고 싶은데 부끄러워서 손이 안 올라가요. 소심한 성격 탓에 자기표현을 잘하지 못한 엄마를 닮은 것 같아 자괴감이 밀려옵니다. '나는 나쁜 엄마인가 봐. 아이는 괜찮다는데 내가 왜 열등감을 느끼고 힘들어할까?' 손을 씻으러 화장실에 들어가는 아이 뒷모습을 보며 엄마는 한 번 더 마음이 무너집니다.

처음부터 좋은 부모로 태어나는 사람은 없습니다. "난 이만하면 괜찮은 부모야! 나만큼만 해 보라고!"라고 자신 있게 말하는 부모가 얼마나 있을까요? 그만큼 육아가 힘들다는 것이지요. 최선을 다해 열심히 연습해서 발표한 효연이에게 이렇게 말해주었다면 어땠을까요?

"효연아! 수고했어. 뒷자리에서 잘 보이지 않는데도 잘 해줘서 고마워."

아이는 부모에게 인정받았다는 사실에 그동안 고생했던 보람을 느낄 수 있어요. 지지받고 인정받으면 자존감도 높아집니다. 최소한 아이의 자존감을 깎아내리는 말을 하지 않도록 조심해야 합니다. 아이의 자존감을 높이려면 뭉뚱그려 "잘했다."라고 하기보단 "식탁 위의 컵을 가져다주어서 참 고마워."라며 구체적인 지시어를 사용하는 것이 좋습니다. 그래야만 자신의 행동이 적절했다는 것을 알게 되어 뿌듯하고 자신감도 생깁니다.

이런 소소한 대화 속에서 부모는 행복감을 느끼고 아이의 자존감은 자랍니다. 부정적이고 모호한 용어를 사용하지 않고, 정확하고 긍정적인 말을 사용해요. 그러면 부모가 바라는 대로 잘 성장하는 아이가 됩니다.

버려야 할 것, 좋은 부모 콤플렉스

"어떻게 하면 좋은 부모가 될 수 있을까요?"

세상의 모든 부모가 '좋은 부모'를 꿈꾸지만, 쉽사리 답을 낼 수 없는 질문입니다.

누구나 '좋은 부모'가 되고 싶어 합니다. 그런데 자신이 '좋은 부모'라고 생각하는 사람은 드문 것 같습니다. 더 잘해주지 못해서 미안하고, 욱하고 화를 내서 죄책감이 생깁니다. '잘 키울 수 있을까?'하는 불안감이 부모의 마음을 옥죄는 일도 많습니다. 혹독한 육아 정글에서 좋은 부모로 남고 싶은 소원은 부모에게 멀고 먼 이야기로 느껴집니다.

'좋은 부모' 하면 떠올리는 생각은 무엇인가요? 아무리 힘들어도 불평하지 않고, 슈퍼우먼처럼 직장생활은 물론 가사와 육아를 멋들어지게 잘해내는 부모가 떠오르나요? 아이들이 제멋대로 고집 피우며 짜증을 부려도 화내지 않고 대처하는 부모가 생각나요? 한 번도 욱하지 않고, 큰소리

내지 않는 우아하고 교양 있는 부모인가요? 물론 이렇게 훌륭한 부모가 있다면 좋은 일이지만 대부분은 그렇지 않다는 것을 잘 압니다.

블로그나 인스타그램을 보면 아이와 활짝 웃으며 체험 학습하는 사진이 참 멋져요. 보기만 해도 먹음직스러운 음식 사진을 보면 정말 대단한 부모들이 많아요. 아이와 함께 신나는 음악에 맞추어 댄스를 하는 영상을 보면 마치 이 땅의 부모는 모두 뛰어난 달란트로 똘똘 뭉친 것 같아요.

방금 아이에게 큰소리를 치며 화를 내고 말았는데, 오늘도 몸이 지쳐서 저녁밥도 겨우 차렸는데, 밥 먹을 생각도 안 하고 게임만 하는 아이가 너무 밉기만 한데, SNS에 올라오는 글과 사진은 '나에게 너무 먼 당신'처럼 아득하게 느껴집니다.

수현이 엄마는 동네 교습소에서 아이들을 가르치는 일을 하고 있습니다. 큰아이가 초등학교에 들어갈 때쯤 시작한 일이 몇 년째 이어지고 있어요. 세 살 터울 동생도 있어서 따로 학원을 보내지 않아도 되니 이만한 일도 없을 것 같아 시작한 일입니다.

여느 부모와 마찬가지로 수현이 엄마도 '좋은 부모'가 되고 싶은 마음입니다. 아들이 친구와도 잘 어울리고 공부도 똑 부러지게 했으면 좋겠습니다. 그런데 초등 5학년인 수현이는 학원에 오면 가방을 팽개치고 놀이터로 뛰어나갑니다.

"수현아! 조금 있으면 공부 시작이야. 10분만 놀다 와! 늦게 들어오면 혼날 줄 알아!"

밖으로 뛰어가는 아들의 뒤통수를 향해 큰 소리로 말합니다. 수현이 엄마가 보기에 아이들은 계산하고 문제 푸는 수학을 좋아하지 않지만, 몇몇 아이들은 제법 의젓해요. 부모들의 기준은 항상 높은 데 있잖아요. 몇몇 아이들처럼 우리 아이도 공부를 좋아하고 뛰어나기를 바라지요.

학원 수업이 시작되어도 오지 않는 아들 생각에 집중이 안 됩니다. 공부를 가르치지만, 마음은 수현이에게 가 있습니다. 거의 20분이 지나서야 살짝 문을 밀고 들어오네요. 수현이 엄마는 눈으로 힐끔 자리에 앉으라는 신호를 보내고 수업을 계속합니다.

수현이는 자리에 앉아서도 핸드폰 게임을 합니다. 수학문제집을 꺼내놓고 손은 책상 밑에서 핸드폰을 만지작거려요. 수업을 해 본 선생님은 아시겠지만, 모습만 봐도 이 아이가 선생님 말씀을 듣고 있는지 한눈에 보입니다. 선생님 눈을 피해 만화책을 보거나 핸드폰 게임을 하며 딴짓을 하는지 딱 눈에 들어오거든요. 아이를 몇 해만 겪어보면 투시하는 것은 아닌데 신기하게 그림이 확 들어옵니다. 수현이 엄마는 다른 아이도 있기에 큰 소리로 화를 내지는 않았지만 이미 잔뜩 화가 나 있습니다.

I. 아이가 태어난 날은 생애 가장 아름다운 날이다

"빨리 여기부터 여기까지 2단원 문제 풀어. 지금부터 딱 4시에 검사할 거야. 알았어? 넌 도대체 생각을 어디에다 두고 다니니? 집에 가서 보자."

수현이 엄마만큼 아이 교육에 열성이 있는 부모도 많지 않습니다. 요즘에는 월말시험이나 기말고사가 없어졌지만, 수행평가 예고가 있는 날이면 엄마는 아이와 씨름을 합니다. 아이 공부인지 엄마 공부인지 모를 정도입니다. 그런데 엄마가 애를 쓰는 만큼 수현이는 점점 더 관심이 없어요. 엄마는 아이보다 더 몸이 달아올라요. 수현이가 1학년 때부터 받아쓰기를 100점 받아야지 하나라도 틀리면 아이를 닦달합니다.

"이렇게 쉬운 것 왜 틀렸어? 몇 번이나 써 본 문제잖아."
"한 개 틀릴 수도 있지 뭐."
"글쎄 왜 받침도 없는 쉬운 문제를 틀렸냐고!"

엄마가 꼬치꼬치 따지는 통에 수현이는 시험이 있는 날이면 하나라도 틀릴까 봐 긴장하고 초조해합니다. 저학년 때에는 제법 공부를 하던 아이가 학년이 올라갈수록 점점 공부와 멀어지는 것을 보니 엄마 마음은 답답하기만 해요. 수현이도 답답하기는 매한가지입니다. 엄마 때문에 학원에 오긴 하지만, 공부해야 할 이유를 발견하지 못한 수현이는 공부보다 게임이 더 좋습니다. 엄마로서는 학원 일도 힘든데 아이가 제대로 따라주지 않는 것이 더 속이 상하네요. 누구보다 열심히 헌신하는 엄마를 알아주지 않는 것 같아 스트레스가 쌓입니다.

부모는 내 아이가 공부 잘하고, 지도력이 있으며 친구와 잘 사귀는 그런 아이로 키우고 싶습니다. 누구보다 잘 키우고 싶은 욕심이 있어서 몸이 힘든 줄도 모르고 열정을 불태웁니다. 아이만 잘 따라와 주면 화를 내지 않고 키울 수 있으련만 엄마 마음을 모르는 것 같아 수현이 엄마는 애가 탑니다.

수현이는 공부만 강요하는 엄마가 이해가 안 됩니다. 방에서 혼자 있으면 빼꼼히 문을 열고 들여다보는 엄마가 자신을 감시하는 것처럼 느껴집니다. 부모에게 채워지지 않은 욕구를 아이를 통해 얻으려는 것만큼 위험한 것은 없습니다. 자신이 배우지 못해 무시당한 한을 자식에게 기대합니다. 나처럼 살지 않으려면 너는 공부를 열심히 해야 한다는 부담감을 계속 줍니다. 스스로 공부하고 싶어서가 아닌 부모의 강요에 한다면 학습 의욕은 사라지기 마련입니다. 자신이 하고 싶어서 하는 공부가 동력이 붙어 계속 잘하게 되지요.

'좋은 부모가 되어야 한다.'라는 생각이 강박적으로 느껴진다면 '좋은 부모 콤플렉스'를 가진 것이 아닐까 의심해 보아야 합니다. 공부도 잘하고 친구도 무난하게 잘 사귀는 멋진 아이로 키워야 한다, 언제나 웃는 모습으로 화도 안 내고, 집 안 청소를 깔끔하게 하는 것은 물론 음식도 잘하는 슈퍼우먼이 되어야 한다고 생각하나요? 자신을 희생하면서 아이만을 위해 살고 있다고 생각하나요? 자식이 잘되는 것이 곧 부모가 잘되는 일이라고 생각되나요? 이런 '좋은 부모 콤플렉스'를 가진 부모가 자주 하는 말이 있습니다.

"내가 너를 위해 얼마나 애쓰는데 너는 왜 엄마 마음을 몰라주는 거니?"
"어디서 말대꾸야. 네가 뭐가 걱정이니? 너는 엄마 말대로 공부만 잘하면 돼."

'좋은 부모 콤플렉스'를 소화되지 않은 내면의 덩어리라고 합니다. 소화되지 않으면 속이 불편하지요. 무엇이든 '이렇게 해야 한다.'라는 강박관념은 왠지 편하지 않고 늘 불쾌감이 있답니다. 아이를 키우면서 '좋은 부모'가 되어야 한다는 마음을 내려놓아야 해요.

꼭 100점을 받아야 한다는 생각도, 무조건 공부를 잘해야 한다는 생각도, 화내지 않고 키워야 한다는 생각도 조금은 내려놓아요. 엄격한 잣대로 아이를 재려고 하면 부족한 것만 눈에 보이게 됩니다. 눈높이를 낮추고 아이를 바라봐 주세요. 조금 부족해도 괜찮다고 아이를 인정해 주세요. 충분히 좋은 부모는 아니지만 그래도 최선을 다하는 자신을 다독여주세요.

적당한 심리적 거리가 가족을 가깝게 만든다

　사람은 누구나 좋은 관계를 원합니다. 함께 있으면 편안하고 서로를 성장시켜주는 관계가 좋은 관계입니다. 행복, 불행과 같은 감정을 불러일으키는 원인 중 인간관계가 85%를 차지하며 심리상담가를 찾는 이유가 대부분 인간관계 때문이라고 해요. 그만큼 인간관계가 어렵다는 방증입니다.

　부모와 자녀와의 관계도 마찬가지입니다. 태어나서 가장 먼저 경험하는 인간관계가 가족이니까요. 가족도 사람과 사람과의 만남이며 관계를 형성합니다. 가족은 힘과 나이의 우위와 상관없이 떼려야 뗄 수 없는 끈끈한 혈육과 사랑으로 얽혀 있어요. 끝내고 싶어도 끝낼 수 없는 관계입니다. 일반 사회나 친구 사이는 만나서 별 도움이 없거나 상처받는 경우 마음만 먹으면 만나지 않으면 그만이지요. 하지만 가족은 상처를 받아도, 도움이 되지 않아도 끊어지지 않는 혈연관계입니다.

　가족관계에 가장 큰 영향을 끼치는 것은 무엇일까요? 바로 '말'입니다.

부모와 자녀 간에 주고받는 말이 좋은(혹은 나쁜) 관계를 좌우합니다. 이는 누구도 부정할 수 없는 일이라는 것에 동의할 겁니다. 가족관계가 틀어진 것을 보면, 대부분 말로 상대를 공격하거나 아픔을 주거나 하는 경우가 대부분이지요. 이런 가정에서 부모가 하는 말은 이렇습니다.

"너는 왜 그렇게 싹수가 없는 말을 하니? 엄마 말이 말 같지 않아?"
"내가 왜 너 같은 애를 낳아 쌩고생을 하는지 모르겠다. 나가 버려!"

아이가 하는 말도 있습니다.

"엄마가 나한테 해 준 게 뭐가 있어?"
"나도 이 집에서 살기 싫어!"

살아가는 데 우리는 말로 힘을 얻기도 하고, 살아갈 용기를 얻기도 합니다. '말'은 사람을 살리는 도구도 되고, 사람을 죽이는 흉기도 되기도 해요. 말은 조선 시대의 사약처럼 서서히 인간관계를 마르게 할 수도 있고 너덜너덜해진 인간관계를 탄탄하게 회복시켜 주는 산수유 같은 약초가 될 수 있습니다. 어떻게 하면 피를 맑게 하고 생기를 돌게 하는 산수유 같은 말을 할 수 있을까요?

부모 자녀 관계가 건강하기 위해서는 심리적 거리 두기가 필요합니다. 코로나 사태가 계속될 때 거리 두기를 하였습니다. 그 이유는 혹시 모를 병균의 오염을 막기 위해서입니다. 인간관계도 너무 가까우면 심리적 장벽이 무너질 수 있답니다. 한쪽이 면역항체가 건강하게 되어있으면 좋겠지만, 우리가 사는 세상은 어차피 불완전합니다. 조금은 어설프고, 조금은 부족한 것이 인간입니다. 심리적으로 가까이 있으면 부모는 아이를 과보호하거나 지나친 간섭을 하게 되고 사사건건 훈계할 확률이 높아지지요.

'고슴도치 딜레마'란 말 들어보셨나요? 독일의 철학자 쇼펜하우어가 1851년 발표한 자신의 저서에 고슴도치 우화가 등장한 것이 이 용어의 기원이 되었어요.

추운 겨울날, 몇 마리의 고슴도치가 모여 있었어요. 이들은 가까이 다가갈수록 서로의 가시에 찔려 상처를 받게 됩니다. 고슴도치는 조금 떨어져서 가시에 찔리지 않도록 거리를 유지할 수밖에 없습니다. 그러나 추위는 다시 그들을 모이게 만들고, 또 떨어지기를 반복하게 합니다. 결국, 그들은 가시가 없는 머리를 맞대고 추위를 보낸다고 합니다. 상처를 받지 않기 위한 최소한의 간격을 두는 것이 가장 좋은 방법이라는 것을 알게 되었다고 해요.

부모 자녀 사이는 '고슴도치 딜레마'에 빠질 확률이 높습니다. 왜냐구요. 부모가 좋긴 한데, 가까이 있으면 잔소리를 듣게 되어 자꾸 방문을 잠그게 됩니다. 자식이 좋긴 한데 가까이 가면 장점보다 허물과 단점이 보여서 잔소리를 입에 달고 살게 됩니다. 부모와 자녀 사이라도 최소한의 심리적 거리를 두기 바랍니다. 내 아이가 이웃집 아이라고 생각하는 것도 좋은 방법입니다. 일종의 심리적 거리 두기라고 할 수 있지요.

아이가 늦잠을 자거나 학원을 빠지면 언성을 높이고 야단을 치게 됩니다. 밤새 게임을 하면 "도대체 커서 뭐가 되려고 그러니?" 하면서 당장 게임 그만하라고 재촉합니다. 이웃집 아이가 아무리 늦잠을 자고 학원을 빠져도 결코 화가 나지 않습니다. "아이 어떡하나? 학원 빠지면 안 되는데…." 하며 안타까워하지 않습니다. 옆집 아이가 게임을 밤새 한다고 해서 야단을 치거나 속상해하지 않지요.

아이를 잠시 옆집 아이라고 생각하여 심리적 거리를 두면 객관적인 시선으로 볼 수 있는 여유가 생깁니다. 감정 조절을 하는 데 도움이 되고, 화내거나 잔소리하는 것을 줄일 수 있습니다. 작은 일이 일어날 때마다 마음 졸이던 엄마가 '심리적 거리 두기'를 하면 그렇게 급한 일이 많지 않습니다. 지나치게 밀착된 채 자란 아이가 성인이 되면 아이는 어떤 일이든 부모의 눈치를 보거나 의존하게 됩니다. 아이가 대학생이 되어도 모든 삶을 간섭

하는 부모가 그 예입니다.

　얼마 전에 있었던 일입니다. 교대(교육대학)는 졸업에 앞서 초등학교 현장에서 교생실습을 합니다. 초등학교 교사가 되기 전에 미리 아이들과 생활도 하고, 수업 실연을 하기도 해요. 교생실습 담당 교사가 교대 학생을 지도하고 평가를 해요. 학생에 대한 평가가 학점에 반영되지요. 어느 초등학교에서 교생실습이 진행되는 가운데 굉장히 비협조적인 학생이 있었답니다. 지각은 물론 과제도 잘 안 해오고, 교대생끼리 조별 토론이나 수업 준비도 나 몰라라 합니다.

　하루 일정을 마친 후, 교실 뒷정리할 때도 그 학생은 내 일이 아니란 듯 퇴근을 했습니다. 당연히 담당 교사는 좋은 평가(상대평가를 하기에 모두 좋은 점수를 줄 수는 없습니다.)를 줄 수 없었어요. 그 학생이 최하 평가를 받은 후 학생 부모로부터 엄청난 항의를 받았다고 합니다. 이유는 임용시험을 보아야 하는데 그렇게 나쁜 점수를 주면 어떻게 하느냐, 교육청에 민원을 넣겠다는 통에 애를 먹었다고 합니다.

　부모 치마폭에서 지나친 보호를 받는 아이는 세상을 헤쳐 나가기가 두렵습니다. 가정이라는 울타리에서는 받아들일 수 있는 일이 사회에서는 그렇지 못한 경우가 많습니다. 사회는 함께 살아가는 곳이기에 나만 아는 사람은 환영을 받지 못해요. 어릴 때 부모와 적당한 거리를 두면서 살아가는 것이 부모와 아이를 위해 꼭 필요하다는 것을 기억하면 좋겠습니다.

열등감으로 아이를 잘 키울 수 있을까?

이 글을 읽기 시작했다는 건, 부모의 그릇을 준비하여 아이를 잘 키우고 싶다는 마음이 있다고 해석해도 될까요? 자신은 없지만 아주 조금이라도, 그런 마음이 있다면 그것으로 충분합니다. 처음부터 자녀교육 전문가, 금수저로 태어나는 부모는 없으니까요.

가끔 금수저로 보이는 부모도 있긴 하더라고요. 아이를 씻기는 일도, 눕혀서 재우는 일도 힘도 들이지 않고 육아를 하는 사람 말이에요. 아기띠를 하고 안는 모습도 어색하지 않고, 우는 아이 달래는 것도 척척 많이 해 본 솜씨처럼 보이는 부모도 있어요. 아이가 징징대고 짜증을 내도 "이건 안 되는 거야."라며 평정심을 잃지 않는 모습을 볼 때 '아 어떻게 저렇게 아이를 잘 키우지?'라는 생각이 듭니다.

그뿐인가요? 아이는 부모에게 꼬박꼬박 존댓말을 쓰고, 말도 잘 들어요. 학급에서 임원을 도맡아 하는 것은 물론이고, 인사성도 바르고 친구들에게 인기도 많아요. 어떻게 아이를 키웠는지 부러울 따름입니다.

그렇게 아이를 잘 키우는 것 같은 부모에게 물어보면, 대답은 비슷하더라고요. "저도 아이 키우는 일 너무 힘들어요. 매일 스트레스 받고 하루에도 몇 번씩 부모라는 이름을 내려놓고 싶어요."라고요. 우리가 보는 모습이 전부가 아닌 것 같습니다. 빛의 이면에는 그림자가 있듯이 우리가 보지 못하는 곳에는 아픔과 수고, 고통이 또한 존재하지요. 한없이 아름답게 보이는 봄꽃도 지난겨울 차디찬 바람과 눈보라 등을 견디고 난 식물입니다. 우리가 보기에 금수저라도 본인은 흙수저라고 생각할 수도 있습니다.

그런데요. 아이를 키우는 부모는 어차피 흙수저입니다. 한 번도 부모로 살아본 적이 없으니까요. 20대에 부모가 되었든, 40대에 부모가 되었든 창세기 1장 1절로 시작하는 겁니다. 컴퓨터로 치자면 초기 설정된 상태죠. 어떻게 키울지 모르겠고, 이럴 때 어떤 말을 해 주어야 할지 매일 까마득한 태초의 일입니다. 답답한 나머지 친정 부모에게 물어보기도 하고, 결혼하여 아이를 키우는 친구에게 조언을 듣기도 합니다. 하지만 똑같은 상황이라도 아이마다 다르고, 또 그런 상황을 모두 경험한 것이 아니기에 언제나 도움이 되는 것은 아니지요.

낯설고 새로운 일로 가득한 육아의 길을 가는 동안 '내가 정말 아이를 잘 키울 수 있을까?'라는 마음이 시시때때로 찾아온다면 아주 정상입니다. 불안, 우울, 두려움, 죄책감, 분노, 혼란스러움, 막막함, 미안함 등이 부모를 괴롭힐 때가 있단 말이죠. 이때 감정의 회오리 속에서 부모는 자존감을 회복해야 합니다. 이런 부정적인 감정은 '나는 완벽한 부모가 되어야 해.'라는 생각에서 나온 것입니다. 조금 부족해도, 조금 늦어도 괜찮다는 마음으로 마음 시소의 균형을 잡아야 해요. 열등감에 빠지게 되면 아이를 인정하고 마음에 품기보다 부모가 원하는 방향으로 끌어당기게 됩니다. 아이는 얼마간 버텨보다가 끝내 부모와 갈등 관계로 치닫는 경우가 있답니다.

제 친구의 첫딸 연진이는 어릴 때부터 건강하고 아주 똑똑한 딸이었어요. 시험만 보았다 하면 100점을 도맡아 하고, 또래 친구에게 인기도 많아 저학년 때까지만 해도 학급 임원을 늘 독차지 했답니다. 엄마가 시장에 가는 동안에는 두 살 터울 남동생과 블록 놀이도 하면서 잘 놀아줍니다. 연진이 엄마는 그런 딸이 너무 자랑스러웠지요.

연진이에게 문제가 보인 것은 초등학교 3학년 때입니다. 어느 날 학교에 잘 다니던 아이가 집에 오면 짜증을 내는 일이 많아지고, 어떤 때는 학교에 가기 싫다고 막무가내입니다.

"엄마! 나 내일부터 학교 안 갈 거야."

"뭐라고? 학교를 왜 안가? 그런 소리 하면 안 돼."

연진이 엄마는 단호하게 말을 끊습니다. 아이 말에 너무 놀라 심장이 두근거리고 불안합니다.

"찬혁이가 매일 놀려. 나보고 뚱뚱보래. 돼지라고도 놀려."
"네가 뭐가 뚱뚱하다고 그래? 그런 말 신경 쓰지 마."
"나 뚱뚱한 거 맞잖아."
"뚱뚱한 거 아니야. 너 진하 몰라? 진하는 과제중이라서 부모랑 병원 다닌대. 넌 정상이야."
"아니야. 아니라고!"

연진이는 소리를 버럭 지르며 짜증을 냅니다. 연진이 엄마는 어릴 때 너무 말라 멸치라고 놀림을 받았어요. 엄마는 딸이 마른 것보다 뽀얗게 살이 오른 것이 보기 좋다고 생각합니다. 연진이도 자신이 살이 쪘다고 생각하진 않았어요. 하지만 남학생들의 놀림을 받으니 스트레스를 받기 시작해요. 연진이 엄마는 설마 하는 생각에 담임선생님께 상담도 합니다. 아이가 학교에 가지 않으려고 한다는 말과 남학생들이 연진이를 놀리지 않도록 부탁한다는 말도 함께 전합니다. 다행히 선생님도 연진이 엄마의 말에 경청하고 아이들에게 단단히 다짐하겠노라고 합니다.

소동이 있었던 이튿날 아침, 아이는 일어날 생각을 하지 않습니다. 이불을 푹 뒤집어쓰고 학교에 안 간다는 말만 반복하는 것을 본 엄마는 속이 탑 니다.

"어제 엄마가 선생님께 전화했잖아. 너도 들었지? 선생님이 다시는 놀리지 않도록 혼낸다고 했어. 학교 가면 돼."
"싫어. 안 가!"

엄마는 연진이가 고집이 있는 것을 알았지만, 학교에 안 가는 일은 도저히 용납이 안 됩니다. 달랬다가 혼냈다가 엄마도 진이 빠집니다. 화가 머리 끝까지 난 연진이 엄마는 이불을 확 잡아당겨 옆으로 던지고 아이에게 매를 대고 맙니다. 연진이 엄마는 완고한 성격에 완벽주의이며 남에게 폐를 끼치면 안 된다는 생각을 지니고 있습니다. 연진이는 울면서 가방을 메고 학교에 갑니다. 이런 일이 그 뒤로 반복이 되어 그때마다 엄마의 폭력이 자주 일어났어요.

매를 맞으면서 연진이는 마음의 상처가 생겼어요. 친구에게 놀림을 받는 것도 억울하지만 엄마에게 맞을 때는 미움과 분노가 분화구처럼 부풀어 올라요. 엄마를 미워한다는 죄책감도 숙주처럼 더불어 기생을 합니다. 연진이는 '나는 쓸모없는 아이야.'라는 낮은 자존감과 자기 비하감으로 우울과 슬픔을 자주 경험하게 됩니다. 그런 상처는 아직 열 살밖에 되지 않은 아이에게 감당하기 힘듭니다. 엄마도 처음에는 아이가 마음을 다잡으라고 매를 대지만, 나중에는 습관이 되어요. 그런데 문제는요, 매를 맞거나 욕을 들으며 자란 아이는 그것이 몸에 장착이 되어 부모가 되었을 때 자식에게 대물림하게 됩니다.

연진이가 어느덧 청년이 되었어요. 취업 후 얼마 되지 않아 나이 차이가 많은 사람과 결혼을 합니다. 그런데 연진이는 아이를 낳은 후 우울증이 생겼어요. 그리고 엄마에게 쪽지를 보냅니다.

"엄마에게 마지막 문자 보내. 왜 나를 어릴 때부터 때렸어? 나는 맞고 자라면서 너무 힘들었어. 이제부터 나 엄마 안 볼 테니 연락하지 마."

엄마는 사랑하는 딸의 문자를 보고 너무 마음이 무너져 내립니다. 아이를 잘 키우고 싶어서 몸부림을 쳤는데 그동안의 모든 것이 허사인 것 같아요. 고집을 꺾고 싶어서 매를 댄 것이지 미워서 그런 것은 아니었는데 지난날이 후회스럽습니다.

완벽주의자는 만족할 줄을 모릅니다. 항상 부족한 것이 눈에 보이기 때문입니다. 그래서 '완벽주의 부모를 둔다는 것은 재앙이다.'라는 말도 있답니다. 왜 그럴까요? 아이러니하게도 완벽주의자일수록 열등감이 크다는 사실입니다.

완벽주의 엄마는 아이에게 최선을 다하고 열심히 합니다. 그 열심은 어쩌면 자신의 만족을 위한 것인지도 모릅니다. 아이에게도 끝없이 최선을 요구하기에 잘 따라온다면 다행이지만, 그렇지 않으면 아이는 지칩니다. 완벽주의 엄마는 자녀가 하는 일이 불만스러워 잔소리를 달고 삽니다. 기준이 엄마 자신이기 때문이지요.

'아이를 잘 키울 수 있을까?'라는 열등감에 시달리지 않으려면 완벽주의를 내려놓으시기 바랍니다. 부족해도 느려도 내 아이의 가는 길을 응원하는 부모가 행복합니다.

II

부모와 아이 사이의 일이 가장 어렵다

칭찬과 인정하기라는 두 가지 시소

어떤 학부모들이 모인 현장에서 질문했습니다. "나는 칭찬을 잘하고 있다고 생각하시는 분 손들어보세요." 그러자 제법 많은 분이 손을 들었습니다. 이어서 "나는 칭찬을 충분히 받고 있다고 생각하시는 분 손들어보세요."라고 질문하자 거의 손을 내리고 적은 수의 학부모님만 손을 들었습니다.

그렇다면 우리는 칭찬을 잘하고 있을까요? 아니면 칭찬을 못 하고 있을까요? 아마 자신은 칭찬을 잘하고 있다고 믿지만, 상대방은 칭찬이 아니라고 여길 수도 있다는 사실을 한 번쯤 고민해 보면 좋겠습니다. 다음은 EBS에서 인지심리학자 김경일 교수가 했던 실험입니다. 첫 번째 실험입니다.

아이들에게 몇 가지 단어를 주고, 외워서 칠판에 쓰도록 과제를 주었습니다. 아이들이 암기한 단어를 칠판에 쓸 때마다 선생님은 이렇게 칭찬을 했습니다.

"와! 어떻게 그런 걸 기억해?"

"정말 멋지다!"

"와! 천재다!"

이때 전화가 울려서 선생님은 아이들에게 "잠깐 나갔다 들어올게."라고 하며 자리를 비웠습니다. 물론 실험상 일부러 자리를 비운 것입니다. 그랬더니 자리를 비운 사이 아이들은 카드를 몰래 봅니다. 그 이유는 무엇일까요? 아이들은 자신이 해낸 성과와 머리가 좋다는 칭찬이 부담감으로 작용합니다. 선생님의 기대에 부응하기 위해서 시험을 잘 치르고 싶은 마음이 앞섰던 겁니다.

두 번째 실험입니다.

아이들에게 핑크방, 블루방이라는 교실 중 아무 곳에 들어가서 수학 문제를 풀게 합니다. 수학 문제를 풀고 난 후 밖으로 나와 다른 문제를 주었습니다. 난이도가 다른 두 문제 중 하나를 아이들이 선택하게 하는 실험입니다. '어떤 문제를 풀 것인가?'는 본인이 선택합니다. 그런데 핑크방에 있던 아이들은 두 문제 중 비슷한 수준의 문제를 선택합니다. 블루방에 있던 아이들은 수준이 조금 더 높은 문제를 선택합니다. 핑크방과 블루방에서 어떤 일이 벌어졌을까요?

핑크방에서 문제를 푸는 아이들에게 선생님은 다음과 같은 칭찬을 합니다.

"잘한다!"
"머리 좋네?"
"조금 어려운 문제인데 아주 똑똑하네?"

블루방에서 문제를 푸는 아이들에게는 이렇게 칭찬을 합니다.

"어려운 문제를 끝까지 풀려고 노력하는구나!"
"차분하게 풀더니 어려운 것도 풀었구나!"
"중간중간 어려운 문제가 있었는데 참 침착하게 푸는구나!"

핑크방에 있던 아이들에게 선생님은 첫 번째 실험과 같이 결과에 대해 칭찬을 했습니다. 하지만 이는 사실이 아닐 수도 있는 과한 칭찬입니다. 아이들은 결과에 대한 부담감을 느끼고 비슷한 난이도의 문제를 선택합니다. 블루방에 있던 선생님은 과정과 노력에 대해 칭찬을 합니다. 결과에 얽매이지 않고 도전하는 용기를 주는 칭찬 받은 아이들은 수준이 조금 더 높은 쪽을 선택하게 됩니다.

칭찬이 중요한 이유는 칭찬의 내용에 따라 결과가 달라질 수 있기 때문이지요. 칭찬이라고 무조건 좋은 것은 아닙니다. 칭찬에도 기술이 필요합니다. 다음 네 가지를 꼭 기억해서 아이를 변화시키고 성장시킬 수 있는 칭찬을 해 주시기 바랍니다.

첫째, 결과보다 과정을 칭찬합니다.

결과만 칭찬하면 과정이 어떻든 결과가 더 중요하다는 것을 암묵적으로 강요받게 됩니다. 또 결과가 좋지 못하면 의기소침해지고 과정이 나쁘더라도 좋은 결과만을 추구할 수도 있답니다.

예) 네가 열심히 노력해서 받아쓰기를 100점 받았구나!
　　포기하지 않고 꾸준히 책을 읽더니 그 두꺼운 책을 다 읽었구나!

둘째, 아이의 있는 그대로를 인정하고 칭찬합니다.

사실 혹은 상황을 인정한다는 것은, 그것이 진실이거나 혹은 존재함을 수용한다는 의미입니다. 즉 있는 그대로의 상태를 인지함을 말합니다.

예) 네가 오늘 밥을 남기지 않고 다 먹었구나!
　　네가 주말에 게임을 한 시간만 한다더니 정말 약속을 지켰구나!

셋째, 평가하지 말고 설명하는 칭찬을 합니다.

'참 착하다.'라거나 '대단하다.' 또는 '훌륭하다.'라는 칭찬은 아이의 마음에 부담과 불안을 줄 수 있습니다. 이런 칭찬은 평가에 가까워요. 아이가 수행한 일을 사실적으로 설명하는 칭찬을 하는 것이 좋습니다.

예) 네 방이 마치 아늑한 카페처럼 깨끗해졌구나!
　　엄마가 시장에 갔다 오는 동안 동생을 잘 돌보아 주었구나!

넷째, 분명하고 자세하게 칭찬을 합니다.

두리뭉실하게 '잘했어.'라는 말은 무엇을 잘했는지 모호한 표현입니다. 듣는 사람에게 진정성 있게 다가오지 않아서 칭찬의 효과가 반감되고 도리어 혼란스러운 생각을 줄 수 있습니다. 분명하고 자세하게 칭찬을 하는 것이 좋습니다.

예) 네가 스스로 내일 준비물인 사인펜과 우유 팩을 챙겨서 참 기특하구나!
　　오늘 그림 그리는데 스케치도 꼼꼼하게 그리고 색칠도 바탕까지 잘 색칠했구나!

아이를 기대 때문에 사랑하기보다 존재 자체를 사랑하면 좋을 것 같습니다. 기대는 '부모의 것'입니다. 우리 아이가 변호사가 되면 좋겠고, 의사가 되면 좋겠고, 이것은 아이의 것이 아니라 부모의 것이죠. 아이가 무엇이 되든 존재 자체로 사랑하는 부모가 되기를 바랍니다. 여기에서 아이를 칭찬하기에 앞서 인정하기를 주목할 필요가 있답니다.

어떻게 보면 칭찬과 인정은 비슷하다고 할 수 있지만, 인정은 칭찬보다 '판단이 배제되고 있는 그대로의 상태를 인지하는 것'이라고 할 수 있습니다. 즉 인정은 칭찬받을 상황에서 아이의 존재 가치나 그가 느끼는 감정을 있는 그대로 받아들이는 것을 말합니다. 따라서 진실한 칭찬은 인정하기에

Ⅱ. 부모와 아이 사이의 일이 가장 어렵다

서 출발한다고 해도 과언이 아닙니다. 아이의 잘한 행동을 인정함으로 더 성장하고 자존감을 높일 수 있습니다. 그런 의미에서 인정은 너무 중요합니다.

Cit**(코칭 전문 교육기관)** 코칭연구소 박정영 코치가 말한 **잘한 행동에 대한 인정하기 3단계**는 다음과 같습니다.

인정하기 1단계 : 관찰하기, 인정할 포인트 포착
아이가 서점에서 산 『어린이 명심보감』을 꾸준히 읽는 것을 봅니다.

인정하기 2단계 : 표현하기
있는 그대로의 모습에 대해 말하기 : "와! 이번 주에 두꺼운 책을 다 읽었네!"
노력과 추구했던 가치 인정하기 : "일주일 동안 걸린 것을 보니 어려웠을 텐데 포기하지 않았구나."
나 또는 주변에 미친 영향 : 네가 포기하지 않고 읽는 것을 보니 엄마도 독서를 좀 해야겠다는 생각이 드네?

인정하기 3단계 : 질문하기
나 또는 주변에 미친 긍정적인 영향 질문하기 : "어떻게 그 어려운 책을

다 읽을 수 있었어?"

기대에 미치지 못한 행동에 대해 인정하기 3단계

인정하기 1단계 : 관찰하기, 인정할 포인트 포착

아이가 5단까지 힘들게 구구단 외우는 모습을 봅니다.

인정하기 2단계 : 표현하기

있는 그대로의 모습에 대해 말하기 : "오늘까지 구구단을 다 외우기로 했는데 아직 5단까지밖에 못 외웠구나."

노력과 추구했던 가치 인정하기 : "구구단 외우기가 쉽지 않았을 텐데 5단까지 외우느라 힘들었지?"

나 또는 주변에 미친 영향 : 선생님도 초등학교 때 구구단 외우기가 정말 어려웠단다.

인정하기 3단계 : 질문하기

나 또는 주변에 미친 긍정적인 영향 질문하기 : "5단까지 어떻게 외울 수 있었어?"

관찰하기, 표현하기를 거쳐 마지막 질문하기는 매우 의미가 있습니다.

이러한 질문을 통해 아이가 자랑할 수 있는 시간을 주고 자신을 인정하면서 자신감을 쌓게 됩니다.

아이에게 부정적인 말을 하지 않아야 하는 이유

"바보같이 이것도 못 하니? 어휴! 똑바로 해!"
"왜 그렇게 산만하니? 응? 누구 닮았어?"

친구들에게 따돌림을 받고 등교를 거부하는 초등학교 3학년 아이가 있습니다. 아이 엄마는 아들에게 부정적인 말을 쏟아놓곤 합니다. 1학년 때부터 가볍게 시작된 틱장애는 아이들에게 놀림을 받고부터 걷잡을 수 없이 빈도가 심해집니다. 결국, 또래 친구들에게 놀림을 받고 등교를 거부하는 사태까지 오게 되었습니다. 사태의 심각성을 깨달은 엄마는 마침 그림분석 공부를 하던 저에게 의뢰해 왔습니다.

먼저 아이의 숨은 마음을 알고자 자유화를 그려보도록 했답니다. 아이는 A4 용지에 총, 칼, 쇠망치, 막대기 등 다칠 수 있는 흉기를 검은색으로 그려 넣습니다. 마음속에 화와 분노가 가득함을 알 수 있어요. 그림분석에서는 흉기를 그렸을 때 분노가 있다고 해석합니다.(분석하는 사람마다 조금씩 차이가 있습니다).

아이 엄마는 어릴 때 이혼한 부모 밑에서 제대로 인정과 지지를 받지 못하고 자랐어요. 결핍된 환경에서 자란 엄마는 하나밖에 없는 아들을 어떻게 해서든 잘 키우고 싶은 마음이 앞섰어요. 네 살 때부터 한글 교육하고, 초등학교에 입학하기도 전에 매일 집에서 받아쓰기를 시켰답니다. 하나라도 틀리면 매 한 대씩 때리면서 아이를 닦달했어요. 상담 중에도 엄마는 쉴 새 없이 다그칩니다.

"넌 왜 그렇게 소심하니?"
"선생님이 그림 그리라고 하잖아? 너 눈 깜빡이지 말라고 했잖아."

상담하는 동안 문제는 엄마에게 있음을 알게 되었습니다. 아이에게 무엇인가를 요구하고, 야단치는 일이 계속됩니다. 어른이라도 이런 부정적인 말을 계속 들으면 스트레스가 쌓이지 않을까 걱정될 지경입니다. 안타깝게도 몇 달 후에 아이의 거부로 그마저도 중단되었어요.

고학년이 되면서 아이는 가출을 반복하게 됩니다. 엄마에게 욕하고, 걸핏하면 집안의 물건을 던지고 부수는 무서운 아들이 되어갔어요. 엄마는 참다못해 아빠에게 이야기하면서 문제를 해결해 보려고 했답니다. 아빠는 아들과 낚시도 같이 하면서 대화로 풀려고 엄청난 노력을 했습니다. 하지만 이미 망가질 대로 망가진 아이 마음은 단기간에 돌이킬 수 없어요. 사춘기 아이를 원래대로 돌리려면 아이에게 독화살을 쏜 기간만큼 사랑과 정성을 쏟아부어야 합니다. 아들과 하루 낚시를 하며 대화를 한다고 아이 내면에 뿌리 깊은 적대심을 벗어버릴 수가 없지요. 부모의 부정적인 말을 지속해서 들었을 때 아이는 자신에 대한 자존감을 잃어버리게 됩니다. 반복적으로 각인된 부정적인 말이 아이의 마음에 비수로 파고들어 상처로 남게 됩니다.

심리학 용어에 핵심신념이란 말이 있습니다. 사람은 누구나 저마다 다른 핵심신념을 갖고 살아갑니다. 핵심신념이란 나 자신이나 다른 사람, 세상을 바라보는 기본 생각을 말합니다. 핵심신념은 어릴 적 경험 때문에 생성되기 마련인데 부모의 말이 결정적인 역할을 하게 됩니다. 핵심신념은 자동적 사고를 만들어냅니다. 자동적 사고는 아이가 무의식적으로 어떤 말과 행동을 하게 합니다. 어떤 신념들은 상황을 잘못 해석해서 문제를 더 악화시키거나 관계를 나쁘게 만드는데 이것을 왜곡된 핵심신념이라고 합니다. 왜곡된 핵심신념은 사실 근거가 없어요.

예를 들면, 공부를 못하는 아들을 보고 "넌 머리가 나빠서 큰일이다. 누굴 닮아서 공부를 못하니?"라는 말을 반복해서 말하면 '머리가 나쁘다.'라는 왜곡된 핵심신념이 아이 무의식 속에 각인됩니다. 그는 자신은 머리가 나빠서 노력해도 소용없다는 생각에 공부를 더 멀리하게 됩니다. 아이가 열심히 노력하면 좋은 성과를 낼 수도 있음에도 미리 잠재력을 포기하게 될 수도 있습니다.

"넌 왜 매사에 꼼꼼하지 못하고 그렇게 덤벙대니?"라는 말을 자주 들은 아이의 핵심신념은 '꼼꼼하지 못하다.'이지요. 아이는 자신이 꼼꼼하지 못하다고 단정 짓고, 어렵거나 생각을 많이 해야 하는 것은 지레 포기합니다. 이런 왜곡된 핵심신념은 부정적인 자동적 사고로 이어지고, 무한한 가능성을 미리 막게 됩니다.

자신이 어떤 왜곡된 신념이 있는지는 너무 딱 맞은 색안경처럼 붙어있어서 알아보기 어렵습니다. 그런데 나의 감정을 자세히 살펴보면 알 수 있습니다. 감정적으로 대하는 것들, 생각하면 화가 나거나 불편해지는 상황들을 살피면 왜곡된 신념을 알 수 있습니다.

내가 아는 어떤 후배는 '나는 미련하다.'라는 왜곡된 신념을 가지고 있었어요. 집안이 매우 가난했던 그는 빨래와 청소 등 일찍부터 부모를 도왔어요. 8남매 중 맏이라 초등학교밖에 다니지 못했는데 엄마는 맏이가 늘 못마땅했어요. 후배는 엄마에게 "넌 왜 그렇게 미련하니?"라는 말을 자주 듣고 살았다고 해요. '나는 미련한 아이'라고 여겼던 그는 매사에 위축되고 자신감이 없었습니다. 그 후배는 다행히 어떤 계기로 공부를 하기 시작합니다. 검정고시를 거쳐 방송통신대학 초등교육학과까지 진학합니다. 초등교육학과를 마치고 교원자격증을 취득한 후 초등학교 교사가 되었답니다.

어릴 때 부모에게 들은 말이 아이의 왜곡된 핵심신념을 가져옵니다. 부모의 부정적인 말은 독이 되어 아이의 무의식, 잠재의식에 소리 없이 스며들어 사과에 벌레 먹듯이 갉아 먹습니다. 아이가 어떤 생각을 하는지, 아이의 행동은 어떤 의미가 있는지 관심을 가져야 합니다. 부모의 말이 아이에게 잔소리로 들린다면, 이미 훈육이 아닙니다. "너 잘되라고 그러는 거야. 너는 하라는 공부만 해."라는 진정성 없는 말은 하지 맙시다. 공부가 아니라도 할 수 있는 것이 너무 많고, 아이의 꿈은 부모가 정해주는 것이 아닌 스스로 발견하고 가꾸어가야 합니다. 청소년 NGO 단체에서 조사한 청소년들이 부모에게 가장 듣고 싶은 말 5가지는 다음과 같습니다.

"사랑한다."
"보고 싶다."
"미안해."
"괜찮다.", "수고했다.", "힘들지?"
"고맙다."

좋은 부모가 되는 길은 먼 데 있지 않습니다. 아이를 믿어주고 힘을 주는 말을 하면 최고 좋은 부모입니다. 부모의 눈높이를 낮추면, 부모도 아이도 편안하고 행복해집니다. 받아쓰기 100점보다 더 중요한 것은 '나는 괜찮은 아이'라는 자존감입니다. 어릴 때부터 지지와 인정을 받은 아이는 절대 삐뚤어지지 않습니다. 잠시 방황하고 흔들릴 수는 있어도 부모의 사랑은 아이를 다시 세우게 합니다. 아이는 무엇을 통해 부모가 자신을 사랑한다고 믿을 수 있을까요? 바로 '말'입니다. 부모의 말이 아이를 살리는 물이 될 수도 있고, 소리 없이 썩게 하는 독이 될 수도 있습니다.

이유 없는 말과 행동은 없다

> 사랑은 언제나 서툴다
>
> 서툴지 않은 사랑은 이미
> 사랑이 아니다
> (중략)

나태주의 『꽃을 보듯 너를 본다』라는 시집에서 본 시의 일부입니다. '사랑은 언제나 서툴다'라는 말은 육아에 지친 부모에게 뜬금없는 위로를 주는 말인 것 같네요. 아이를 키우면 세상에서 가장 사랑을 많이 주고, 누구보다 잘 키울 것 같은 마음이 언제부터인가 앉은뱅이 꽃처럼 점차 쪼그라듭니다.

아이를 키워 본 부모라면 압니다. 마음처럼 육아가 쉽지 않다는 것을요. 오늘은 절대로 화내지 않고 잘해주자고 마음먹지만, 말끝마다 대꾸하는 아이를 보면 미움이 솟구쳐 오릅니다. 일을 보고 집에 들어서면 어질러진 책과 내팽개쳐진 가방, 그 사이로 크게 들려오는 텔레비전 소리에 참았던 욱이 터져 나오곤 합니다.

'사랑은 언제나 서툴다.'라는 말이 실감 나는 나날입니다. 매일 보아서 낯설지 않은 우리 아이가 아닌, 매일 변하고 매일 이상한 내 아이 맞습니다. 그런데 이상한 것은 내 아이뿐만이 아닙니다. 부모인 나도 내가 매일 낯설어요. 때로는 괴물처럼 소리를 지르고, "너 나 무시하는 거야?"라며 발을 동동 구르기도 합니다. 그렇게 이성을 잃고 분노를 터뜨린 날은 후회와 자책으로 눈물을 흘릴 때도 있답니다.

슬기는 초등학교 1학년입니다. 두 살 터울 언니가 있고, 동생은 이제 갓 돌이 지났어요. 슬기는 동생이 태어난 후로 부쩍 부모 말을 듣지 않고, 반항할 때가 많아요. 엄마가 주방에 있는 틈을 타서 아기를 꼬집기도 하고, 엄마가 보는 앞에서 때리기도 합니다. 엄마는 슬기에게 "왜 아기를 괴롭혀? 응?" 하면서 야단을 칩니다. 어떤 때는 화가 나서 엉덩이를 때리기도 합니다. 엄마가 "얼른 숙제해!" 하면 "안 해. 싫어!" 하면서 반기를 듭니다.

"안 해.", "싫어!"가 후렴구처럼 반복될 때마다 엄마는 더욱 힘에 부칩니다. "동생 때리지 마! 한 번 더 때리면 가만 안 둘 거야." 엄마의 협박도 점점 강도가 세지고 아이 또한 생떼 부리기, 동생 괴롭히기도 점점 늘어만 갑니다. 부모라는 역할도 포기하고 다 내려놓고 싶을 만큼, 몸도 마음도 지쳐 갑니다.

그런데요. 무엇이든 아이의 이유 없는 행동은 없답니다. 무조건 아이의 문제 행동을 다그치고 야단치기 전에 왜 이런 행동을 할까 생각해 보아요. 슬기는 엄마에게 야단을 맞을 줄 뻔히 알면서 왜 동생을 괴롭힐까요? 왜 말끝마다 "안 해.", "싫어!"라는 부정적인 언어를 입에 달고 살까요?

두 명 이상의 자녀를 가진 부모는 각각의 출생순위에 따른 특성을 인지하는 것이 필요해 보입니다. 출생순위에 따라 상대방과 관계를 맺는 방식이 다르기 때문입니다. 물론 출생순위가 아이의 성격을 완벽히 결정하는 것은 아니지만, 충분히 참고할 만한 가치가 있다고 여겨집니다. 출생순위에 따른 성격 유형을 정리해 봅니다.

첫째 아이, 태어나면서 부모의 전폭적인 관심과 지지를 받으며 성장하여 자기 통제력이 강합니다. 동생들을 보살펴야 하기에 책임감이 뛰어나지만, 걱정도 많다고 해요. 타인과의 관계가 좋은 반면, 긴장을 많이 하고 외로움도 가장 크게 느낍니다.

둘째 아이, 태어나고 보니 경쟁자가 있어 본능적으로 그것을 능가하기 위해 노력을 합니다. 남에게 지기 싫어하고 고집이 세며 부모에게 인정받으려는 경향이 강합니다. 또한, 형과 동생에게 밀려난 느낌이 있어서 억울함과 불편한 마음을 지니게 됩니다.

막내 아이, 가장 전폭적인 사랑을 받지만, 언니나 형에 의해 상대적으로 열등감을 느끼기 쉽습니다. 자칫 부모에게 의존하는 마마보이로 자랄 수 있지만, 오히려 창의성을 발휘하며 살 가능성도 큽니다.

둘째로 태어난 슬기는 늦게까지 막내로 귀여움을 독차지하다가 어느 날 무법의 침입자가 태어납니다. 둘째 처지에서 보면, 반갑지 않은 동생입니다. 자신에게 온통 사랑을 주던 부모가 어느 날 동생에게 쏠리니 억울하고 허전합니다. 온전히 받아야 할 사랑을 빼앗겼다고 여기고 동생에게 시기와 질투심을 느낍니다. '동생이 없었으면 좋겠어.'라고 생각한 슬기는 동생을 해코지하는 것으로 사랑받고 싶은 욕구를 표현합니다.

동생을 때리면 달려와 야단을 치고 혼내는 시간만큼은 엄마는 자신을 인식하는 것 같아요. "안 해.", "싫어!"라고 떼를 쓰는 그 순간은 자신이 주목받는 느낌이 드는 거지요. 그렇죠. 아이는 자신의 마음이 힘들 때마다 끊임없이 신호를 보내고 있다는 것을 기억해야 합니다. "나 힘들어요. 엄마 나 좀 사랑해 주세요."라고 아이는 자신이 할 수 있는 부정적인 방법으로라도 메시지를 송출하는 것입니다.

슬기가 동생을 꼬집고 때릴 때 아이는 어떤 마음일까 행동의 이유를 생각해 보아야 합니다. 늘 "안 해.", "싫어!"라고 말하는 이유도 분명히 있습니다. 아이는 지금 부모에게 사랑받고 싶은 겁니다. "왜 아기를 괴롭혀?"라고 다그치기 전에 잠깐만이라도 마음을 읽어주세요. 그렇다고 동생을 꼬집고 때리는 행동이 정당화될 수는 없습니다. 부모의 관심과 사랑이 필요한 아이의 눈을 지긋이 바라보며 손을 잡고 조용히 말해주세요.

"슬기야! 아기는 어리기 때문에 때리는 행동은 절대 안 돼. 혹시 엄마가 슬기에게 어떻게 해 주면 좋을까?"

그리고 아이를 꼬옥 안아주세요. 그때 아이는 엄마나 나를 사랑하고 있다는 안정감을 느끼게 됩니다. 사랑과 관심받고 싶은 욕구가 해소되어야 동생을 괴롭히는 행동을 줄입니다. 꼭 기억해 주세요. 아이의 이유 없는 말과 행동은 없다는 사실을.

감정에 서툰 부모 진짜 감정 찾기

열등감은 사람을 무척 힘들게 하는 감정입니다. 학부모 모임에 가도 다른 사람이 좋은 차를 끌고 왔는지, 멋진 옷을 입고 왔는지 살펴보면서 나의 위치를 가늠합니다. 내가 가장 돋보이고 싶고 잘난 위치에 있어야 한다는 마음이지요. 나는 나 자신이어야 할 때 가장 나답고 멋집니다. 다른 사람과 비교하는 순간 한없이 나락으로 떨어지게 되지요. 이런 사람은 열등감이 큽니다. 자존감이 높은 사람은 일등을 하지 않아도 되고 다른 사람이 나를 알아주지 않아도 괜찮아요.

아이와 다툴 때 논리적으로 밀리는 경우가 있어요. 엄마가 분명히 잘못했는데도 끝까지 말로 지지 않아요. "엄마가 잘 몰랐어. 미안하다."라고 하면 될 텐데 아이에게 지고 싶지 않아서 말도 되지 않는 핑계를 댑니다. 아이와 자존심 싸움을 하는 겁니다.

그런데 생각해 보면 아이를 이겨서 무슨 이익이 있을까요? 엄마는 돌아서서 후회하지만 이미 엎질러진 물입니다. 사과해야 할 때 사과하지 않는

본보기를 보여주게 된 겁니다.

올해 6학년인 지희는 요즘 부쩍 엄마와 다투는 일이 많아요. 오늘은 학교에 체육 시간이 있는 날이라 운동복을 입고 가야 해요. 아침에 입고 가야 할 운동복이 빨래통에 그대로 있네요.

"엄마! 내가 목요일 체육 시간이 있다고 했잖아!"
"뭐라고? 네가 며칠 전에 한 말을 내가 어떻게 기억하고 사니? 엄마가 할 일이 얼마나 많은데, 하루 전날에 미리 한 번 더 이야기해야지."
"어제 내가 말했잖아!"

지희 엄마는 가만히 생각해 보니 어제 아침 학교 갈 때 딸이 했던 말이 기억났어요. '빨래해야지.' 생각해 놓고 다른 일을 하느라 깜빡 잊어버렸어요. 이왕 이렇게 된 거 이제야 인정하면 뭐 하나 싶습니다. 정신이 없는 엄마라고 무시할 것 같은 마음이 번개처럼 스쳐 갑니다.

"엄마가 못 들었다니까. 몇 번이나 해야 알아들어? 오늘은 그냥 입고 가. 어쩔 수 없잖아!"
"저 땀 냄새 나는 옷을 어떻게 입어!"
"그럼 다른 옷을 입어! 꼭 체육복 아니라도 되잖아. 편한 옷을 입고 가도 되지. 왜 그렇게 까다롭게 구니?"

지희 엄마는 끝까지 자신의 실수를 인정하지 않습니다. 아이는 깨끗이 빨아진 체육복을 입고 가고 싶은데, 빨래통에 널브러진 옷 때문에 짜증이 납니다. 더구나 까다롭게 군다고 야단을 맞으니 스트레스가 이만저만이 아닙니다. 지희 엄마는 아이에게 미안하다는 감정이 있었지만, 양상추처럼 짜부라진 마음을 들키고 싶지 않습니다. 오히려 까다롭게 군다고 아이에게 책임을 돌리고 말았어요. 열등감이 있는 사람은 자신의 실수나 잘못을 인정하지 않고 남의 탓으로 여기는 경향이 있어요.

누구에게나 지고 싶은 않은 엄마는 아이에게도 지고 싶지 않습니다. 아이가 어디서 맞고 오거나 말싸움을 하고 와서 울면 화가 나서 어쩔 줄 몰라 합니다. 아이가 실패하면 부모도 실패했다고 여기고, 아이가 성공하면 부모도 성공했다고 여깁니다.

이런 사람은 자신과 아이에게 매우 엄격합니다. 다른 사람에게는 관대하게 대하면서 말이에요. 가장 가까운 가족에게는 기대치가 엄청 높아서 웬만한 일에는 마음에 차지 않아요. 완벽주의 부모는 자신이나 아이의 조그마한 실수가 용납이 안 되어요. 오히려 죄책감을 느끼고 부끄러워합니다. 실수하는 자신과 아이가 용서가 안 되니 행복한 마음을 느낄 겨를이 사라집니다.

심리학 용어에 조해리의 창이 있습니다. 조해리의 창 중에 다른 사람과의 관계 형성에서 '열린 창'을 넓혀 가야 상대의 마음을 쉽게 열게 할 수 있다고 말합니다. 심리학자 에릭 번은 상호교류 분석 이론에서 부모 자녀 관계의 기본 이론을 네 가지 유형으로 구분했습니다.

I am ok, you are not ok.(자기 긍정-타인부정형) : 자신은 옳고 타인은 틀렸다는 생각이 지배적인 사람입니다. 자신을 과대평가하기 때문에 다른 사람의 말을 들으려 하지 않고 상대방을 무시하는 경향이 있습니다.

I am not ok, you are not ok.(자기 부정-타인부정형) : 자신과 타인 모두를 부정적으로 생각합니다. 세상에 대한 불신과 원망으로 자신과 주변 사람을 힘들게 합니다.

I am not ok, you are ok.(자기 부정-타인긍정형) : 열등감이 커 자신을 비하하고, 타인은 자신보다 나은 것처럼 생각합니다. 자존감이 낮아 진정한 행복감을 느끼기 어렵습니다.

I am ok, you are ok.(자기 긍정-타인긍정형) : 자기와 타인이 모두 장점과 잠재력이 있다고 여깁니다. 누구나 소중한 존재라고 생각하고 긍정적이라서 누구에게도 좋은 관계를 유지합니다.

부모와 자녀가 눈여겨보아야 할 유형은 "I am ok, you are ok." 자기 긍정-타인 긍정형입니다. 부모와 자녀 모두 행복하려면 보다 긍정적인 눈으로 바라볼 수 있어야 합니다. 그러기 위해서는 부모 자신을 사랑하고 내면의 힘을 지녀야 합니다. 그래야 자녀의 실수도 품을 수 있습니다. 자신의 실수도 인정하고 있는 그대로 바라보는 용기도 생깁니다.

아이를 이기려고 하는 부모의 감정 안에는 두려움이 숨어 있습니다. 그 두려움이 자신의 감정에 솔직하게 다가가지 못하게 하지요. 에둘러 아이 탓을 하며 그 자리를 모면하려고 합니다. 하지만 그 자리를 피하려고 할수록 빠져나오지 못하고 점점 뻘 속에 빠지게 됩니다.

미안한 마음이 들 때 미안하다고 말하는 것도 용기라고 합니다. 부모에게 있어서 자녀는 세상에서 가장 소중한 존재입니다. 자녀는 이길 대상이 아니라 함께 성장할 인격체입니다. 정현종의 「방문객」이라는 시가 생각납니다.

> 사람이 온다는 건
> 실은 어마어마한 일이다
> (중략)

우리 아이는 부모의 방문객입니다. 한 사람의 일생이 오는 어마어마한 일입니다. 왜 방문객이라고 표현했을까요? 저는 세 아이를 객지로 떠나보내고 빈 둥지에 남아 있습니다. 이제야 방문객이라는 시가 이해가 가요. 나에게로 와서 꽃이 되었다가 언젠가는 떠나고 맙니다. 지나고 보니 아이와 같이하는 시간이 그리 많지 않습니다. 함께 하는 시간만큼은 아이와 이기고 지는 게임이 아닌 솔직한 마음을 나누는 그런 사이가 되면 좋겠습니다.

부모의 말 습관 괜찮은가요?

　사람과 사람 사이에서 대화를 나눈다는 것은 인생에서 중요한 위치를 차지합니다. 대화를 나누는 동안 따스한 감정을 느끼기도 하고, 억울하고 슬픈 마음을 경험하기도 합니다. 말은 그 사람의 포용력과 여유를 느끼게 해 주지요. 부모의 말은 아이를 상처의 늪에 빠뜨리기도 하고, 구원 투수처럼 포근한 엄마 품으로 데려오기도 합니다.

　'엎지른 말은 주워 담을 수 없다.'라는 속담도 있듯이 한번 내뱉은 말은 되돌릴 수가 없습니다. 육아에 지쳐 있는 부모는 아이가 하는 행동과 말이 마음에 차지 않고 불편하게 느낄 때가 많습니다. 그렇다고 부모의 말에 상처받는 아이를 마냥 지켜볼 수만은 없지요. 부모와 아이 관계가 단절되는 비극적인 대화 패턴이 있습니다. '자동으로 툭 떠오르는 자기만의 생각'에서 나오는데 그 생각이, 때로 부모와 아이의 관계를 망치는 주범이 됩니다.

　직장에서 일하다 피곤한 몸으로 퇴근한 아빠는 거실에서 아빠가 오는 줄도 모르고 핸드폰 삼매경에 빠진 아들을 봅니다. '이 녀석 또 게임을 하고 있구나. 안 되겠어. 오늘 따끔하게 혼 좀 나야겠어.'라고 생각합니다. 이것이 자동으로 떠오르는 생각입니다. 이렇게 자동적인 사고 패턴이 계속되면 어떤 대화가 이루어질까요?

아빠 "너 또 게임 했지? 너는 왜 만날 게임만 하니? 하루도 게임 안 하는 날이 없어!" - **판단**

아이 "조금만 더 하고 그만할게."

아빠 "또 거짓말한다. 내가 하루 이틀 속은 줄 알아? 매일 거짓말만 하고. 커서 뭐가 될래?" - **비난**

아이 "…."

아빠 "뭐해? 빨리 게임 그만하고 숙제나 해. 빨리 숙제 안 하기만 해라. 너 주말에 캠핑 가는 것 취소야." - **강요, 협박**

아이 "알았어!"

아빠 "아니 뭘 잘했다고 소리를 질러? 버릇없이. 너 아빠가 이 말 안 하려고 했는데 네 친구 혁이 이번에 수학경시대회에서 1등 했다더라. 너는 도대체 잘하는 게 뭐니?" - **비교**

아이 "왜 비교해? 나도 혁이보다 잘하는 거 많아."

아빠 네가 잘하는 게 뭔데? 받아쓰기 100점 받고 달리기 잘하는 거? 그거 기본 아니야? - **당연시, 의무화**

아이 알았어. 지금 숙제하면 되잖아.

아빠 네가 미리 알아서 게임도 안 하고 숙제했으면 아빠가 잔소리할 일도 없지. 아빠 좀 화나게 하지 마. 너만 잘하면 아빠가 왜 잔소리하겠니? - **합리화**

아이 잔소리 좀 그만해.

아빠 아빠에게 대드는 못된 놈 같으니라구! - **흑백논리, 이분법적 사고**

사람들과 관계를 잘 맺기 위해 건강한 대화가 필요합니다. 그런데 대화하다 보면, 되레 관계가 나빠지는 경우를 봅니다. 부모의 기준에서 아이를 판단할 때 관계가 틀어지는 경우가 있습니다. 어떤 행동에 대해서는 당연시하고 때로는 비난하는 이유가 바로 자동적인 사고 때문입니다. 그 결과 아이는 속상하고 외롭고 화가 나고 억울해집니다.

우리는 지금까지 원하는 것을 말하지 못하고 서로 비난하는 방식으로 대화를 해 왔습니다. 부모는 의도치 않게 아이에게 상처를 주고, 아이는 부모와 더욱 마음이 멀어져갑니다. 심지어 자신에게 상처 주는 부모를 대적하고 관계를 단절하는 일도 생기게 되지요. 위에서 말한 자동적인 생각과 대화 패턴이 계속 반복되면 말 습관이 됩니다. '지푸라기 하나가 낙타 등을 부러뜨린다.'라는 아랍 속담처럼 사소한 말 습관이 아이 인생을 바꿀 수도 있습니다.

어릴 때부터 부모에게 상처를 받고 자존감이 낮은 사람은 다른 사람과의 인간관계에서 어려움을 겪게 됩니다. 부모가 아이에게 언제나 "잘한다, 잘한다!", "오냐, 오냐!", "최고, 최고!"하면서 추켜세우는 말만 할 수는 없습니다. 하지만 어린 자녀에게 상처 주는 말을 하면 관계가 나빠지는 것을 막을 수 없습니다.

아이가 물을 먹다 실수로 엎어 물을 쏟을 경우, 부모는 자동적인 사고와 동시에 말이 튀어나옵니다. '얘는 만날 실수만 해. 혼내야겠다.'라는 생각이 떠오르자마자 이렇게 말합니다.

"어휴, 또 물 엎질렀어? 너는 허구한 날 조심성 없이 행동하니? 너 때문에 못 살겠다!"

물을 엎지른 일이 잘한 행동은 아니지만, 부모의 핀잔에 아이는 억울하고 속상합니다. 물을 일부러 엎지른 것이 아니고 매일 실수만 하는 것은 아닙니다. 그런데 부모는 나 때문에 못 살겠다고 짜증을 냅니다. '나는 부모를 못살게 하는 쓸모없는 아이'라는 생각에 한없이 작아지고, 초라해집니다.

부모는 아이가 스스로 자책하고 열등감에 빠지게 하려는 의도는 아니었어요. 다만 살아가면서 실수를 줄이고, 조심하며 살아갔으면 하는 바람도 있었어요. 육아에 지친 부모가 아이의 문제 상황을 제대로 살필 마음의 여유가 없었던 겁니다. 그래서 부모도 자신의 말 습관이 어떤지 조금만 시간을 내어서 돌아보아요.

완벽한 부모도 완벽한 아이도 없다

'완벽(完璧)하다.'란 뜻을 보면 '결함 없이 완전하다.', '흠이 없는 구슬'로 해석합니다. '벽(璧)'은 원래 동그랗게 갈고 닦은 옥(玉)을 가리키는 한자어이며 '완벽(完璧)'은 춘추전국시대에 유명한 구슬인 '화씨의 벽[和氏之璧]'을 말합니다.

초나라 백성이 처음 발견한 이 '화씨의 벽'이 어쩌다 조나라에 들어갔는데 이를 탐낸 진나라 왕이 이 구슬과 자신의 땅을 바꾸자고 합니다. 힘이 약한 조나라 왕은 할 수 없이 구슬과 땅을 바꾸기로 하고 인상여라는 사람을 통해 진나라 왕에게 구슬을 보냅니다. 그러나 진나라 왕은 구슬만 받고 땅을 주지 않습니다.

이에 화가 난 인상여는 그 구슬은 흠이 있다면서 구슬을 다시 받아 만약 진나라 왕이 땅을 주지 않으면 이 구슬을 산산조각을 내겠다고 위협합니다. 그는 진나라 왕을 속이고 끝내 구슬을 가져왔는데 아무 결함이 없이 구슬을 가져왔다고 해서 그때부터 '완벽'이라는 용어를 사용했다고 합니다.

어떻게 생각하면 완벽은 매우 우월하고 좋은 뜻으로 보입니다. 우리는 무엇이든 뛰어나게 잘하는 사람을 보면 "완벽한 사람이야!", "오! 퍼펙트! 너무 잘했어. 완벽해!"라는 말을 하곤 하지요.

그런데 '완벽'하게 '완벽'한 사람은 존재하지 않습니다. 아무리 새 구슬이라도 사람이나 기계를 거친 것은 흠집이 남겨질 수밖에요. 우리는 먼저 이 사실을 인정해야 합니다. 완벽한 부모란 허상을 찾아 헤매다 결국 두 손 두 발을 들게 됩니다. 완벽한 부모를 추구하는 부모는 부모 자신뿐 아니라 아이에게도 가혹한 상처를 남기게 되어요. 완벽을 추구하는 부모가 가장 즐겨 사용하는 문장은 다음 두 가지입니다.

"그렇게 하면 안 돼!"
"이렇게 해야지."

부모의 눈높이에서 보는 기준, 표준이라는 잣대에서 볼 때 아이의 모든 행동, 말, 성과 등은 부모의 성에 항상 미치지 못합니다. 아이에게 어떤 결과를 요구하며 부모가 원하는 성과를 낸다 해도 그 이상을 요구하며 만족을 하지 못합니다. 즉 아이 자체를 보는 것이 아니라 아이가 이루어내는 일에 마음이 가는 것이지요.

대부분 부모가 완벽한 부모의 역할을 자처하고 있다고 해도 과언이 아닙니다. 처음 아이가 초등학교에 입학하면 부모의 마음은 조급해집니다. 조금 더 잘했으면, 친구와 사이좋게 잘 놀았으면, 선생님께 많은 사랑을 받았으면 하는 마음, 물론 이런 마음이 정상입니다. 이런 마음이 물 흘러가는 대로 흘러간다면 좋은 것입니다. 그러나 부모가 계속해서 아이를 통해 대리 만족을 하고, 실수나 허물이 있을 때 그것을 기다려주지 않고 채근한다면 혹시 완벽한 부모가 아닌지 점검해 보는 것은 어떨까요?

그럼 내가 완벽한 부모인지 아닌지 어떻게 알 수 있을까요? 만약 아이의 모든 것이 불만스럽고 짜증이 난다면 완벽한 부모라고 해도 좋을 것 같습니다. 아이랑 시장을 보러 가는데 아이는 자꾸 곁눈질하고, 느릿느릿 따라오는 것도 불만스러워요.

"빨리 따라오지 못하고 뭐 해?"

라고 소리를 버럭 지릅니다.
생텍쥐페리가 쓴 『어린 왕자』의 '실제 모델에게 듣는 우리가 몰랐던 이야기'라는 주제로 책이 나왔습니다. 크리스틴 미쇼의 『어린 왕자와 다시 만나다』에 보면 "아이들만이 창문에 코를 납작하게 대고 있지."라는 말이 나옵니다. 기차를 타고 가다 창밖 풍경이 신기해서 창문에 코를 납작하게 대고 정신없이 쳐다봅니다. 누가 바라보든 상관하지 않고 바로 코앞에 있는 모든 것이 신기할 따름인 아이들입니다. 어른들은 점잖게 그냥 창밖을 응시할 뿐이지요. 이것이 어른과 아이의 다른 점입니다. 그렇죠. 마트에 빨리 가서 볼일은 보고 싶은 어른 마음이지만, 아이들은 그저 눈앞에 있는 것들이 더 재미있습니다.

아이를 이해하는 부모는 마음을 따뜻하고 편안하게 합니다. 갈 길을 재촉하지 않고 기다려줍니다. 함께 모래를 만져보기도 하고, 들꽃 향기를 맡아보기도 합니다. 장보기보다 아이와 함께 행복한 시간을 나누는 경험이 더 중요한 거지요. 아이는 마트에 가는 길에 공원에 비둘기랑 놀기도 하고, 아파트 놀이터에서 그네 타는 일이 더 재미있습니다.

미카엘 에스코피에가 쓴 『완벽한 아이 팔아요』라는 책에 재미있는 이야기가 있어서 소개합니다. '아이마트'라는 곳에서 많은 종류의 아이를 팝니다. 한 부부는 완벽한 아이를 찾고 있다고 점원에게 말하자 딱 하나 남은 완벽한 아이를 판다고 합니다. 드디어 완벽한 아이를 찾은 부부는 기쁜 마음으로 돌아옵니다. 완벽한 아이는 어떤 아이일까요?

완벽한 아이는 어른들이 좋아하는 '말 잘 듣는 아이'입니다. 밥투정도 안 하고 잘 먹는 아이, 혼자서도 얌전히 잘 노는 아이, 일찍 자고 인사도 잘하는 아이, 공부도 잘하는 아이입니다. 어느 축제가 있던 날, 아이는 부모의 말을 듣고 꿀벌 의상을 입고 갔는데 그날이 축제 날이 아니어서 창피를 당하고 옵니다. 그날 아이는 처음으로 부모에게 불만을 터뜨립니다. 그러자 부모는 다음날 아이를 마트에 데려가 아이를 수리해달라고 요청합니다. 그런 부모를 보고 아이는 점원에게 다음과 같이 질문합니다.

"혹시 저에게도 완벽한 부모를 찾아 주실 수 있나요?"
"완벽한 부모라고? 하하! 참 엉뚱한 생각이구나!"

점원은 아이의 질문에 이렇게 답합니다.
그렇습니다. 완벽한 부모도 완벽한 아이도 존재하지 않습니다. 아이의 기질과 성격과 타고난 재능이 다르며 누구나 타고난 잠재력을 가지고 있습니다. 완벽하다는 자신의 잣대를 가지고 아이를 대하면 어딘가 부족한 부분이 보이게 됩니다.

빠른 걸음으로 걷는 엄마가 느리게 걷는 아이에게 답답하다고 야단을 칩니다. 아이는 어떤 마음이 들까요? 아이는 자신의 속도대로 잘 걷고 있는데 재촉하는 부모의 말을 들으며 속이 상하고 억울합니다. 어른의 속도와 아이의 속도는 다릅니다. "너는 왜 그렇게 느리게 걷니?"라고 말하기보다 아이는 아직 보폭의 크기가 작은 시기임을 인정해야 합니다. 어른의 기준이 아닌 아이의 기준으로 생각해야 합니다. 아이는 자라면서 걸음의 크기도 달라지고 세상을 보는 눈도 달라집니다.

혹시 나도 육아 번아웃 증후군?

'번아웃 증후군'이란 용어 들어보셨나요? 네이버 백과사전에는 '일에 몰두하던 사람이 극도의 스트레스로 인하여 정신적, 육체적으로 기력이 소진되어 무기력증, 우울증 따위에 빠지는 현상'이라고 설명합니다. 미국 정신분석 의사 허버트 프뤼덴버그가 처음 사용한 심리학 용어로 '소진 증후군', '탈진 증후군'이라고도 불립니다. 재택근무로 업무와 일상의 경계가 무너지면서 심한 피로감이나 자기 비하에 빠지기도 하는 이 '번아웃 증후군'은 해야 할 일이 눈에 보이는데도 할 수 없는 상태가 계속되고, 두통 등 신체적 증상도 나타나기도 하는데 심할 경우 치료를 받아야 하는 단계까지 이르게 됩니다.

'번아웃 증후군'은 재택근무 하는 직장인만 느끼는 것이 아닙니다. 몇 해 전 코로나19로 온라인 수업이 많아지면서 온종일 집안이라는 제한된 환경에서 아이들과 씨름하다 보니 '육아 번아웃 증후군'을 경험하는 부모가 많았다고 합니다. 조그마한 일에 아이에게 화를 내는 분노 조절의 어려움, 마음은 뻔한데 몸이 움직여 주지 않는 무기력, 두통은 물론 건망증까지 호소하는 부모들이 늘고 있습니다.

코로나 사태가 소강상태에 접어든 것처럼 보이지만, 그 여파는 오래갔습니다. 처음에는 부모도 아침마다 출근 전쟁을 치르지 않아서 인생 보너스처럼 집에서 일하는 것이 색다르고 기대가 되었지요. 온라인 수업하는 아이들에게 간식과 식사를 챙겨주는 것이 마냥 뿌듯했어요. 그동안 일하는 엄마라서 잘 챙겨주지 못한 미안한 마음을 보상하는 것 같아서입니다.

아이들을 겨우 깨워 아침을 먹는 둥 마는 둥 하고 각자 방에 들어가 컴퓨터로 온라인 수업을 들으며 시끌벅적한 하루가 시작됩니다. 그제야 다해 엄마는 노트북을 켜고 화상회의를 하면서 하루 할 일을 점검합니다. 옆에 따뜻한 아메리카노 한 잔을 두고, 회사 사무실이 아닌 주방에서 시작하는 일이 처음에는 그런대로 괜찮았어요. 주변의 사람들이 없으니 다리를 꼬아 앉아도 되고, 사람들이 모이면 당연히 기생하는 인간관계의 갈등이 눈앞에 보이지 않는 것도 매력 중의 하나입니다.

처음에 아이들은 학교에 가지 않고 집에 있는 것이 신이 났답니다. 아침 일찍 일어나지 않아도 되고, 때마다 간식을 챙겨주는 부모와 같이 있으니 아이들은 눈치도 없이 마냥 좋아합니다.

하지만 이런 아이들과 달리 다해 엄마는 점점 지치고 공연히 짜증을 내는 일이 많아집니다. 이런저런 일로 스트레스를 받다 보니 아이에게 소리를 지르기도 해요. 주방에 쌓여 있는 설거짓거리가 물에 퉁퉁 불은 몸으로 어서 나를 씻어달라고 아우성치고요, 어제 사 온 파 한 단도 다듬어 맛깔스러운 파김치를 담아야 하는데 몸이 움직여 주지 않아요.

온라인 수업을 틀어 놓고, 손은 핸드폰으로 게임을 하는 아이를 보면 하루에도 몇 번씩 혈압이 올라갑니다. 수시로 냉장고를 열고 아이스크림을 밥처럼 먹는 것도 눈에 자꾸 거스릅니다.

"그만 좀 들락거려! 지금 수업 안 듣고 뭐 해!"

다해 부모는 냅다 소리를 지르고 회사 상사에게 전화가 오면 언제 그랬냐는 듯 상냥하게 대답합니다.

"예 부장님! 지금 디자인 거의 다 되어갑니다. 오후 3시쯤 최종 시안을 보내드릴게요."

3시까지 마감해야 하는데 아이들 점심때가 되었네요. 감자를 채 썰고, 당근 다지고, 신 김치 잘게 썰어서 볶음밥을 합니다. 아이들 좋아하는 짜장면을 시켜도 되는데 그것도 하루 이틀이지 가능한 집밥으로 해결하려고 합니다. 엄마가 겨우 볶음밥을 해 놓자, 큰애는 배가 부르다며 방에서 나오지도 않아요. 작은애도 아직 밥생각이 없나 봅니다.

"엄마! 나 이따 먹을래."

이때부터 다해 엄마는 또 속이 상합니다. 아이들과 온종일 부대끼면서 생기는 스트레스도 여간 아닙니다. 업무와 집안일이 무 자르듯 딱 분리된 것이 아니라서 육아 스트레스가 업무에 영향을 주게 되니 보통 난감한 것이 아니네요.

코로나19 사태 이후로 비대면 온라인 수업 형태가 다양해지고 있습니다. 학교에 가는 일은 정상적으로 회복이 되었지만, 방과 후에 온라인 학습이나 개인 지도 형태는 새로운 학업 문화로 자리 잡았습니다. 이미 동영상 강의가 대세로 흘러간 지가 제법 되었지만, 최근에는 비대면 수업이 더욱 활기를 띠고 있습니다. 비대면 생활이 익숙하고 대중화되면서 라이프 스타일이 변화하고 있습니다. 밀레니엄 세대의 부모가 디지털 기기를 일찍 접한 알파 세대를 키우는 부모의 스트레스가 가벼운 것 같지 않습니다.

직장생활이라는 것이 시간 관리 하나는 철저한 것이 무기인데 집안일은 그렇지 않잖아요. 아이들하고 얽혀 있을 때는 매일 하는 일이 표시가 나지 않습니다. 누가 칭찬이나 격려를 하는 것도 아니지요. 집안일과 육아, 아이들 일정 관리 등 온종일 동동거리다가 갑자기 온몸과 마음에 과부하가 걸립니다. 매일 하던 일이 무의미해지고 의욕이 사라집니다. 이 증상을 육아 번아웃 증후군이라고 하지요.

육아 번아웃 증후가 꼭 일하는 부모에게만 일어나는 일이 아닙니다. 육아로 인해서 직장생활을 포기한 전업주부에게도 마찬가지입니다. 운동이나 친구 모임 등을 미루며 개인으로서 중요한 삶을 포기한 채 살아갈 때도 이 증상이 나타날 수 있습니다. 갑자기 무기력해지거나 마음대로 몸이 움직여지지 않아 자기 비하감이 몰려오나요? 이때는 혹시 육아 번아웃 증후군이 아닐지 의심해 보고 그에 대한 대처가 필요합니다.

'육아 번아웃 증후군'은 아이를 키우는 부모라면 누구나 한 번쯤 반갑지 않은 손님처럼 불쑥 다가옵니다. 수고와 땀이 없이는 저절로 얻는 것이 있을까요? 하다못해 텃밭에 심은 고추와 오이도 때를 맞춰 잡초를 뽑아주고 거름을 주고, 비가 오지 않으면 물도 대 주어야 합니다. 잠시만 버려둬도 잡초가 산을 이루어요. 고추나 오이가 자라지 않고 성장을 멈추거나 병충해를 입기도 합니다.

인간이 인간을 키우는 것은 가장 귀하고 소중한 일입니다. 육아 번아웃 증후군이 올 때 그걸 두려워하지 마세요. 나만 겪는 것이 아니라 육아하는 부모라면 누구나 겪을 수 있는 통과의례입니다. 육아 번아웃 증후군에 빠지지 않기 위해서 다음 사항을 꼭 기억했으면 좋겠습니다.

첫째, 완벽해야 한다는 부담감을 내려놓으시기 바랍니다.
둘째, 눈높이를 낮추고, 목표가 있다면 멈출 수 있는 골대를 세웁니다.
셋째, 혼자만의 시간을 갖는 것이 중요합니다.
넷째, 산책이나 운동하는 것을 매일 합니다.
다섯째, 신선한 과일과 채소를 먹고 휴식을 충분히 취합니다.
여섯째, 때로는 주위 사람의 도움을 요청합니다.
일곱째, '잘하고 있다, 괜찮다.'라고 자신을 격려하고 위로합니다.

함께 있으면 좋은 부모

용혜원 시인의 「함께 있으면 좋은 사람」이란 시가 있습니다.

> 착한 눈빛, 해맑은 웃음
> 한마디, 한마디의 말에도
> 따뜻한 배려가 담겨 있어
> (중략)

이 시를 읽으면 마음이 따뜻해져요. 특히 '착한 눈빛, 해맑은 웃음 한마디, 한마디의 말에도 따뜻한 배려가 담겨 있어'라는 시구가 가을 구름처럼, 청량하게 가슴을 적시네요. 부모가 얼마나 바라는 말인가요? 아이에게 함께 있으면 좋은 사람으로 기억되기를요. 하지만, 육아는 그야말로 시(詩)가 아니라는 것을 잘 압니다. 하루하루 한바탕 치열하게 다투는 육아(育兒) 전쟁이지요. 부모가 처음이라서, 매일 일어나는 일도 처음이라서 어떻게 대처할지 몰라 전쟁 중인 부모는 백전백패입니다. 전쟁에서 이기려면 적을 알아야 한다는 말이 있습니다. 우리 아이를 적이라고 칭하는 것이 좀 그렇긴 합니다만, 부모가 육아 전쟁에서 이겨야만 우리 아이가 내 편이 됩니다.

우리 아이를 내 편으로 만들기 위해서는 '말'만한 것이 없어요. 부모의 말은 풍미 나는 따뜻한 밥상이 되기도 하고, 잘 넘어가지 않는 찬밥이 되기도 합니다. 매일 먹는 밥 짓는 일이 그리 쉽지 않아요. 같은 사람이 같은 압력솥으로 물을 맞춰 밥을 짓는데도 어떤 때는 찰밥처럼 잘 지어지고 어떤 때는 꼬들꼬들한 밥이 됩니다. 내 마음처럼 똑 떨어지게 알맞게 지어지기가 참 어려워요. 말도 밥처럼 생각대로 잘 안되어요. 그래서 말은 밥과 닮은 점이 많네요.

말을 정말 예쁘게 하는 사람이 있어요. 말을 예쁘게 한다는 뜻은 목소리가 좋다는 의미가 아닙니다. 남을 따뜻하게 배려하는 말, 마음을 다독이는 말이 예쁜 말입니다. 그런데 이렇게 예쁜 말이 누구나 할 수 있는 말이 아닙니다. 자존감이 높은 사람이 할 수 있어요. 자기 자신이 귀중하다는 확신이 있는 사람이 남을 존중할 줄 알게 됩니다. 부모 자녀 관계도 마찬가지지요. 자신을 충분히 사랑하는 사람이 아이를 사랑하게 되고 말로 표현합니다. 하지만, 충분히 지지를 받지 못하고 자란 부모는 열등감이 큽니다. 자신이 부족하다고 느낀 부모는 아이에게 무엇인가 기대하는 경향이 있어요. 아이를 통해 자신의 부족함을 채우려고 합니다. 그러다 보니 아이에게 잔소리를 많이 합니다. 아무리 좋은 말이라도 아이가 잔소리로 생각하면 이미 신뢰를 잃어버린 것임을 기억하면 좋겠습니다.

"빨리 숙제하지 못하니? 엄마가 매일 잔소리를 해야 알아듣겠어?"
"글자를 이렇게 삐뚤빼뚤하게 쓰면 어떡하니? 똑바로 좀 써!"
"너는 왜 그렇게 만날 반찬 투정을 하니? 엄마 바쁜 거 안 보여?"

물론 다 좋은 말입니다. 빨리 숙제하기, 글자 바르게 쓰기, 반찬 골고루 먹기…. 그런데 아이 귀에는 듣기 싫은 잔소리로 들려집니다. 아이는 듣는 둥 마는 둥 흘려들어요. '엄마가 나를 위해 해 주는 좋은 말이니까 더 잘해야지.' 하는 생각이 안 드는 거지요. 우리도 광고를 보기 싫으면 채널을 돌리듯이 아이도 부모 잔소리가 듣기 싫으면 귀를 닫든가 문을 '쾅' 닫고 자기 방으로 들어가 버립니다. 귀를 막고 방을 닫는다는 것은 부모와 자식 간의 소통이 막히기 시작하는 겁니다. 사춘기가 되면 집을 나가거나, 부모에게 대들거나, 반감을 표시하고 공격적으로 돌변하는 경우도 있습니다.

아이를 사랑하지 않는 부모는 없습니다. 아이를 이해하지 못하거나, 사랑하는 방법을 몰라서 관계가 삐거덕거립니다. 혹은 부모가 자신을 잘 몰라서 아이 탓하다가 돌이키지 못할 상황까지 가기도 합니다. 그래서 어떻게 하면 아이가 부모 말에 귀를 기울이고, 좋은 말로 기억될지 공부해야 합니다.

짜증을 부리고 불만을 표시하는 초등 1학년 딸이 있습니다. 이름은 보미입니다. 일곱 살 터울 동생을 본 후 증상이 더 심해졌어요. 아침에 등교 준비하는 시간은 매일 조용한 날이 없습니다. 엄마가 아이 머리를 빗고 한 갈래로 깔끔하게 땋아주곤 했어요. 일하는 엄마도 아침은 눈코 뜰 새 없이 바쁜 시간이지요. 그런데 어느 날부터 아이는 머리 가르마가 삐뚤다느니 양쪽으로 묶어서 땋아달라느니 요구하는 것이 늘어나네요. 이렇게 해도 마음에 안 든다, 저렇게 해도 싫다는 둥 시간을 초 재기하는 엄마도 인내에 한계가 이릅니다.

"그만해, 어떻게 하라고 그러니?"
"가르마 삐뚤잖아. 예쁘게 안 되었어. 예쁘게 해 줘."

아이가 징징대는 소리가 너무 귀에 거슬립니다.

"징징대지 말고 예쁘게 말하라니까."
"엄마도 예쁜 말 해야지. 매일 소리만 지르면서."

벚꽃 피는 청명한 아침도 시끄럽게 시작하는 하루입니다. 엄마는 쉬지 않고 아이가 어떻게 해야 한다고 끊임없이 말합니다. 엄마의 말에 아이에 대한 배려가 빠졌다는 말이지요. 정작 아이는 엄마의 말에 귀 기울이지 않고 건성으로 듣곤 합니다. 자신의 말을 엄마가 무시한다고 생각하고 계속 요구사항만 말하게 되지요.

　말을 안 듣는 것보다, 말대꾸하는 것보다, 말할 줄 알면서도 안 하는 것이 가장 심각한 '응급 상황'이라고 합니다. 어떤가요? 우리 아이는 부모의 말에 묵묵부답하지 않는다면 아직 '응급 상황'은 아닙니다. 충분히 좋아지거나 회복할 수 있는 여지가 많은 겁니다. 아이의 표정, 아이의 목소리, 아이의 말투에 담겨 있는 마음을 읽고 배려하는 부모가 되어야 합니다. 아이의 마음을 따뜻하게 하는 부모는 함께 있으면 좋은 사람입니다.

III

초보 부모,
칭찬과 경청의
다리를 건너라

잘 가르치는 것보다 잘 듣는 부모가 먼저다

맘카페에 어느 부모가 이런 글을 올렸습니다.

> 초등학교 3학년 아들이 엄마의 잔소리가 듣기 싫어 캠핑에 같이 안 가고 싶다고 합니다. 아빠와 캠핑 날짜를 조율하는데 엄마의 근무 날에 가면 엄마의 잔소리를 안 들어도 되니 그날을 잡자고 합니다. 아이가 예의 없는 말을 해서 살짝 훈계했는데 그것을 잔소리로 듣는다고 하니 너무 밉습니다. 더 세게 다잡아야 하나 고민입니다.

매사에 부족하고 결점투성이인 아이와 종일 함께 있다 보면 해 줄 말이 너무 많습니다. 숙제했니? 손 씻었니? 내일 준비물은 없니? 양말 벗어서 아무 데나 던지지 마라, 밥 먹을 때 쩝쩝대지 마라, 너는 동생에게 말투가 그게 뭐니? 좀 상냥하게 말해라 등등.

사실 너무 할 말이 많아서 아이의 말을 들을 시간이 없습니다. 가르쳐야 할 일, 알아야 할 일, 충고할 일 등 아이가 미덥지 않아서 매일 한 말을 또

하곤 하지요.

아이는 엄마가 싫어서 캠핑에 같이 안 가고 싶다는 말일까요? 아이는 부모의 잔소리가 싫다는 말을 에둘러 한 말이지 엄마가 싫다는 의미는 아닙니다. 우리는 누구나 감정 주머니를 달고 삽니다. 요즘 아이들은 감정 주머니가 작습니다. 감정을 느끼고 전달하고 함께 공유하는 인간관계가 적어서입니다. 스마트폰이나 유튜브 영상, 컴퓨터 게임까지 아이들은 손안에 장난감이 너무 많아서 감정을 느낄 틈이 많지 않습니다.

아이의 감정을 많이 느끼고 내면을 들여다보기 위해서는 부모가 아이 말을 잘 들어야 합니다. 사실 말하기보다 듣는 훈련이 더 어렵고 고단수이지요. 누구나 말을 잘할 수는 있어도 듣기는 정말 어렵습니다. 듣는다는 말은 어떤 의미일까요?

'듣는다.'라는 말 속에는 단지 귀 기울인다는 뜻을 넘어서 아이의 무의식적인 몸짓, 눈빛을 알아본다는 의미가 담겨 있어요. 아이의 몸짓, 눈빛에서 흘러나오는 감정의 떨림에서 아이가 무엇을 느끼고 있는지 들여다보는 것이 '듣는다.'라는 행위입니다.

그냥 '귀로 듣는 행위'는 누구나 할 수 있지만 '아이의 몸짓, 눈빛, 감정의 떨림까지 듣는 행위'는 마음의 여유가 있는 부모만이 할 수 있다고 생각해요. 그러고 보니 부모의 여유, 흔들림이 없는 태연함이 정말 중요하네요.

정민이는 초등학교 2학년입니다. 어느 날 학교에서 돌아와 조금 긴장된 목소리로 엄마를 부릅니다. 엄마는 설거지하면서 아이와 대화를 합니다.

"엄마! 내가 할 말이 있는데 화내지 말고 들어봐."
"무슨 말인데, 해 보렴."
"엄마! 화내면 안 돼요."
"알았다니까."
"엄마! 학교에서 체육 시간이 끝나고 수돗가에서 손을 씻는데 은수가 물을 세게 틀어서 내 옷에 튀었어. 그래서 내가 걔에게 소리 질렀어요. 너 미쳤어? 뒤질래? 라고."

정민이 목소리는 조금 떨렸습니다. 혹시 부모에게 혼날까 봐 걱정스러운 눈빛이 역력합니다.

"뭐? 그런 욕을 하다니?"
"나 그런 말 자주 쓰는 것 같아요. 그런데 다른 애들도 다 그런 말 쓰고 있어요."
"넌 다른 애들이 욕을 쓴다고 너도 덩달아 따라 욕을 쓰니? 너 꼭두각시야? 욕을 쓰면 안 된다고 엄마가 말했어? 안 했어?"

Ⅲ. 초보 부모, 칭찬과 경청의 다리를 건너라

엄마의 그릇 부딪히는 소리가 점차 커지자 정민이는 슬그머니 자기 방으로 들어갑니다. 정민이 엄마는 설거지를 마저 하고 그릇을 차곡차곡 정리하는데 뭔가 찜찜합니다.

"가만있어 봐. 얘가 왜 이 말을 했지?"

그제야 정민이 엄마는 아이의 의도가 무엇이었을까 곰곰이 생각해 봅니다. 혼날 줄 알면서 왜 욕을 했다고 고백했을까 말입니다. 정민이는 습관적으로 "너 미쳤어? 뒤질래?"라고 욕을 했지만, 사실 그 말을 해 놓고 왠지 집에 오는 내내 마음에 걸렸어요. 다른 친구가 그런 말을 쓴다고 해도 욕을 하면 안 된다는 생각이 든 겁니다. 결국, 생각 언저리에 맴돌던 이야기를 엄마에게 털어놓은 거죠. 그런데 엄마는 설거지하느라, 아이의 눈을 보며 이야기를 듣지 못합니다. 아이는 사실 욕을 쓰는 것이 잘못된 줄 알지만, 자신도 모르게 욕이 나와서 속이 상한다는 말을 하고 싶은 겁니다. 그 욕이 당연하다고 생각했다면 욕을 해 놓고 잊어버렸을 테니까요.

엄마가 설거지를 멈추고 아이의 불안한 눈빛, 떨리는 목소리, 주저하는 몸짓을 읽었다면 엄마의 말은 달라졌을 겁니다. 신기율의 『은둔의 즐거움』이라는 책을 보면 "'듣는다.'라는 표현 속에는 그의 무의식적인 몸짓과 눈빛, 감정의 떨림을 알아본다는 '통찰'의 의미가 나란히 담겨 있다."라는 말이 있습니다. 그렇죠. 아이의 비언어적인 몸짓, 손짓, 눈빛, 목소리 등을 읽을 수 있다면 아이를 이해하는 데 많은 도움이 됩니다. 여기서 비언어적이라는 말은 언어가 아닌 몸짓, 손짓, 표정, 시선, 자세 등으로 생각이나 느낌을 나타내는 것을 말합니다. 마음을 나타내는 말은 언어적 표현보다 비언어적 표현이 더 정확할 확률이 높습니다. 그래서 아이가 어떤 메시지를 전달하려고 할 때 언어보다 비언어적인 표현을 더 유심히 보아야 합니다.

"그런 욕이 너도 모르게 튀어나왔단 말이지? 그때 넌 어떤 생각이 들었어?"

엄마는 아이의 약간 불안한 몸짓과 떨리는 목소리를 느끼고 아이에게 위로가 필요하다는 생각이 듭니다. 아이를 따뜻한 눈으로 바라보며 아이 쪽으로 몸도 기울입니다.

"응, 나도 모르게 욕이 나와서 은수에게 미안했어요."
"그랬구나. 그런데 은수에게 사과는 했어?"
"아니? 못했어요. 은수도 나에게 같이 욕을 해서…."
"그럼 어쨌든 은수가 실수로 물을 튀긴 건데 욕을 네가 먼저 했으니 내일 학교 가서 사과하는 것이 어떨까?"
"예 엄마! 그게 좋겠지요?"
"그래 잘 생각했어. 욕을 하면 하는 사람은 시원할지 모르지만, 듣는 사람은 상처를 받잖아. 이제부터 조심할 수 있지? 엄마는 우리 아들 믿어."

정민이는 엄마와의 대화로 마음에 위로를 받습니다. 마음에 있던 찌꺼기가 겨울바람에 매달려 어디론가 사라진 것 같아 개운합니다. 내일 은수에게 사과하겠노라고 다짐하면서 정민이는 한층 더 성숙해진 것 같습니다. 누구나 말로 상처를 받고 말로 위로를 받기도 합니다. 그래서 말을 잘하기 위해 잘 듣는 것이 먼저입니다. 잘 듣는 부모는 아이와의 관계를 더 돈독히 하고 행복한 가정을 이룹니다.

아이의 감정을 인정하는 부모

"엄마 지금 화났어. 그만해. 그만하라고 했지?"

아이를 키우면서 가장 힘든 감정이 있다면 '화'라는 감정입니다. '화'를 참는데도 임계점이 있습니다. 화가 차올라 견디기 어려운 순간에 튀어나오는 말이 "엄마 화났어."입니다.

초등 3학년 영민이는 학교에서 울면서 집에 들어옵니다.

"엄마! 나 열심히 공부했는데 성적이 엉망이에요. 수학이 너무 어려워요. 50점밖에 못 받았어요."

기대에 못 미쳐서 실망하고 있는 아들은 엄마에게 위로와 이해를 받고 싶었습니다. 하지만, 50점이라는 말에 갑자기 화가 난 부모는 버럭 소리를 지릅니다.

"내가 뭐랬어. 열심히 문제만 풀면 뭐 해. 집중을 잘해야지. 너는 뭐든지 대충하잖아."

"짜증 나! 열심히 하는데 잘 안되는 걸 어떡하라고."

"50점이 뭐니? 근데 너보다 못 본 애 너희 반에서 몇 명이야?"

"몰라!"

열심히 노력했음에도 불구하고 결과에 미치지 못한 것을 보고, 부모 관점에서 화가 날 수도 있습니다. 그런데 화가 난 것은 엄마뿐이 아닙니다. 아이도 자기의 점수를 보고 화가 난 상태입니다.

한국 심리상담연구소의 P.E.T 강좌에 보면, 사실 '화'라는 감정은 2차 감정입니다. 서운함, 억울함, 속상함, 분함, 초조함, 당황함 등 이런 감정이 일어날 때 2차적으로 동반하는 감정입니다. 그래서 엄마가 아이에게 "나 화났어."라고 하기보다 "네가 거짓말을 해서 엄마가 속상하다."라고 말하는 것이 아이가 부모의 감정을 이해하기가 더 좋습니다.

위의 경우 기대에 못 미친 점수에 대한 실망감이라는 1차 감정에 이어 2차 감정인 화로 이어진 것입니다. 아이는 화난 감정을 꾹 누르고 집에 와서 엄마에게 자신의 마음을 쏟아놓은 것이지요. 아이가 화가 났을 때 부모가 소리를 지르고 더 화를 내면 아이의 감정은 절정으로 치닫습니다.

아이가 화가 났을 때는 경청하고 공감해 주어야 합니다. 공감을 받으면 화가 났던 감정이나 짜증이 차분히 가라앉습니다. 아이는 자신이 노력한 만큼의 결과가 나오지 못한 점수에 대한 실망감이 화로 변한 상태입니다. 이때 엄마는 아이의 실망감을 읽어주고 위로해야 합니다. 점수를 보고 도리어 화를 낸다면 아이의 감정보다 점수가 먼저라는 메시지로 듣게 됩니다.

그런데 여기에서 화가 나는 것과 화를 내는 것은 다릅니다. 화가 나는 일은 자주 있지요. 아이가 말을 안 들어서, 동생을 때려서, 실수로 장난감을 고장 내서, 시험을 잘 못 보아서, 학원을 빼먹어서. 그뿐인가요? 밥을 잘 안 먹어서, 게임을 많이 해서, 친구에게 맞고 와서 등등 화가 나는 일은 참 많습니다. 이런 화라는 감정이 일어나면 부모는 죄책감에 빠지기 쉽습니다. 그런데 화는 분노라고도 할 수 있는데 심리학자에 의하면 이는 자연스러운 정서적인 반응입니다. 문제는 화를 조절하지 못해 분노로 표출하는 것, 즉 화를 내는 것이 문제이지요.

아이가 문제를 가지고 있는 상황에서 부모는 먼저 경청하는 자세를 갖추어야 합니다. 아이가 이야기하고 있는 것과 이야기하지 않은 것 이면에 숨은 감정을 이해하고 있다는 사실을 전달하는 것입니다. 일종의 거울 역할로 부모는 아이가 자신의 감정을 객관적으로 볼 수 있도록 돕는 것입니다.

아이가 열심히 노력하지만, 수학 점수가 낮아서 울면서 말할 때 부모는 어떤 피드백을 해야 할까요? 먼저 아이의 감정을 헤아려야 합니다.

"열심히 노력했는데 50점밖에 못 받아서 몹시 실망했구나!"
"응 엄마! 정말 실망했어. 열심히 했는데…."

이렇게 피드백을 하면 아이는 자신의 감정을 표현하게 됩니다. 여기에서 부모는 메시지를 포함하지 않고, 다만 아이가 말한 메시지를 반영해 주는 언어적 반응을 하면 충분합니다. 이것은 아이의 말을 부모가 이해하고 있고 또 아이의 말을 잘 경청하였음을 적극적으로 알리는 것입니다. 자칫 부모들은 아이의 마음을 헤아리지 못하고 다치게 할 수 있습니다. 다음 사례를 살펴보아요.

"너 공부 안 하고 게임만 할 때 내가 그럴 줄 알았어." - 비난하는 말

"다음에 또 그렇게 시험을 못 보면 아빠한테 혼날 줄 알아." - 경고하는 말

"다음부터는 집중해서 열심히 하면 좋은 성적을 받을 수 있을 거야."
- 도덕적 훈시나 가르침

"그래도 딱 중간 점수는 받았네. 내가 볼 때 50점만 받아도 잘한 거야."
- 판단

"다음에는 잘 볼 수 있을 거야." - 근거 없는 확신

아이는 마음속 솔직한 감정을 표현함으로 부정적인 감정이 나쁜 것만은 아니라는 것을 배우게 됩니다. 자신의 감정을 타인에 의해 경청되고 이해되는 것은 기분 좋은 일입니다. 그렇게 되면 자녀는 부모에게 따뜻하고 친밀한 감정을 품게 됩니다. 부모가 자신의 말을 경청하게 되면 자녀도 부모 말에 경청하게 됩니다.

자녀가 부모 말을 잘 듣지 않는다고 걱정하는 부모가 있다면 자녀의 훌륭한 경청자가 되지 않았기 때문입니다. 명령, 지시, 충고와 같은 메시지들은 자녀에게, 자신이 억압되고 결핍되어 있다고 느끼게 만듭니다. 반면, 부모가 자녀의 말에 경청한다면 자녀는 부모를 더욱 신뢰하게 됩니다.

부모가 자녀의 말을 잘 경청한다고 하는 것은 자녀의 감정을 인정한다는 의미이며 독립된 인격체로 존중한다는 뜻입니다. 자녀의 문제를 알고 해결해주는 해결사 부모가 된다는 의미는 아닙니다. 자녀는 '독립적인' 존재로 자기만의 감정이 있으며 부모가 자녀와 함께 있을 수는 있으나 결합한 존재는 아닙니다. 자녀의 감정을 이해하고 존중해 줄 수는 있으나 그 감정을 내가 대신해 줄 수는 없습니다.

고수 부모 TIP

한국 심리상담연구소와 P.E.T 강좌 소개

P.E.T(**부모 역할훈련, Parent Effectiveness Traning**)는 창시자인 토마스 고든(Thomas Gordon)이 1962년 부모들을 위한 최초의 의사소통 기술을 기초로 한 훈련 프로그램이다. 그는 의사소통 기술과 갈등 해결 방법을 부모나 교사, 청소년과 관리자들에게 가르친 개척자로서 널리 알려져 있다.

1989년 2월, 한국 심리상담연구소의 김인자 소장은 한국에 처음으로 P.E.T를 도입하였다. 현재 P.E.T는 세계 43개국의 수백만 명의 부모가 참여하였고, 총 1만여 명의 강사가 배출되었으며 우리나라를 비롯하여 전 세계적으로 더 나은 인간관계 형성에 도움을 주고 있다.

우리나라 P.E.T는 정규 강좌가 있어 훈련을 받는데 수업은 강의와 역할극(role play) 등으로 진행된다.

느낌의 빙산이론(P.E.T 참고)

2차 감정 : 화, 분노

1차 감정 : 두려움, 억울함, 속상함, 좌절, 무서움, 증오, 당황, 무시, 무안, 상처, 슬픔, 외로움, 긴장, 초조, 걱정 등

부모 자녀 의사소통 걸림돌이 되는 12가지

우리 신체에 입이 하나이고 귀가 둘인 이유는 한번 말하고, 두 번 들으란 의미가 담겨 있습니다. 그만큼 많이 듣고, 적게 말하라는 뜻이지요. 하지만 부모들은, 아이가 아직 어리고 가르쳐야 할 일이 많기에 듣는 일은 소홀하고 말하는 데 열을 올리기가 쉽습니다.

욕구가 충족되지 않을 때 아이들은 자신의 문제나 고민을 다양한 형태로 부모에게 전달합니다. 말로 전달하기도 하지만, 때로는 몸짓, 손짓, 표정, 시선, 자세, 옷차림 등 비언어적 표현으로 전달합니다. 아이에게 부모는 우주이고, 기댈만한 사람은 부모밖에 없습니다. 그런데 부모가 자녀에게 문제 해결은커녕 오히려 걸림돌이 되는 경우가 있습니다.

길을 걷다가 작은 돌부리가 길을 가는 데 방해가 되는 것처럼 의사소통에도 걸림돌이 있습니다. 걸음마를 시작한 아기는 조그마한 것도 방해가 되지요. 성인이라도 캄캄한 길을 갈 때는 크고 작은 돌멩이와 상관없이 걸려 넘어집니다. 건강한 사람이 대낮에 넓은 길을 갈 때는 걸림돌에 넘어지는 경우가 적습니다. 따라서 어떤 말이 걸림돌로 작용하는지 상황 논리로 접근하면 보다 잘 이해할 수 있을 것입니다.

걸림돌을 피하기 어려운 상황은 아이가 자기중심적인 어린 시절에 집중됩니다. 부모가 육아에 지쳐 있을 때, 아이가 심리적으로 불안정한 사춘기일 때, 아이에게 힘든 일이 있을 때, 부모와의 관계가 나빠졌을 때도 걸림돌을 피하기 어렵습니다.

미국 토마스 고든의 부모 역할훈련(P.E.T.: Parent Effectiveness Training) 프로그램에서는 의사소통의 걸림돌을 12가지로 정리하고 있는데 12가지 걸림돌은 다음과 같습니다.

의사소통의 걸림돌

1. 명령, 지시, 강요
"너는 반드시", "너는 꼭", "…해야 할 것이다."
일방적인 명령 강요는 공포감이나 심한 저항을 일으킬 수 있습니다. 반항적인 행동이나 말대꾸를 증가시키고, 하지 말라고 하는 것을 더 하고 싶은 마음을 갖게 합니다.

2. 경고, 위협

"만약 …하지 않으면, 그때는….", "…하는 게 좋을걸, 그렇지 않으면….."

자녀에게 공포감이나 복종을 일으킬 수 있으며 위협받는 결과를 시험해 보고 싶은 반발심을 일으킵니다. 원망, 분노, 반항심을 일으켜 부모 자녀와 대치되는 상황을 만들 수 있습니다.

3. 훈계, 설교

"너는 …해야만 한다.", "…하는 것이 너의 책임이야."

자녀에게 의무감이나 중압감을 주고 그것을 하지 않았을 경우 죄책감에 빠지게 합니다. 오히려 자녀에게 자기 입장을 고집하고 방어하게 만들며 자녀를 불신한다는 메시지를 전달하게 됩니다.

4. 충고, 해결 방법 제시

"내가 말하고자 하는 것은….", "…하는 게 어떻겠니?", "내가 네게 충고하자면…."

충고나 해결 방법을 부모가 제시해 주는 것은 굉장히 친절해 보이지만 자녀에게 의존성이나 저항을 유발할 수 있습니다. 자녀가 자신의 문제를 스스로 해결할 수 없다는 점을 암시할 수 있습니다. 따라서 자녀가 문제를 충분히 생각하고, 대안이 되는 해결책을 찾아 실생활에 적용해 보고자 하는 노력을 방해합니다.

5. 논리적인 설득, 논쟁

"네가 왜 틀렸냐 하면", "문제가 되는 것은", "그래, 그렇지만…."

언뜻 보면 논리적인 설득이 자녀를 설득시킬 수 있을 것 같지만, 불필요한 방어적인 자세와 반론을 유발합니다. 자녀가 부모의 말을 듣지 않도록 만들기도 하고 자녀가 열등감과 무력감을 느끼게 만듭니다.

6. 비판, 비평, 비난

"너는 신중하게 생각하지 않아.", "너는 게을러서…."

자녀가 무능력하고 어리석고 형편없다는 것을 암시합니다. 부정적인 판단이나 호통치는 것에 대한 공포를 넘어 대화를 단절시킵니다. 자녀가 부모의 비판을, 사실로 받아들이거나("나는 게을러") 말대꾸를 합니다. ("아빠도 내가 보기에는 나보다 더 게으른 것 같은데요?")

7. 칭찬, 찬성

"야, 너 참 잘했다.", "네가 맞아! 그 선생님이 무서운 거야.", "내가 볼 때 우리 딸이 세상에서 제일 예쁜데?"

자녀가 명령에 따르는지를 부모가 감시할 뿐 아니라 기대하고 있다는 것을 암시하고 있습니다. 마치 선심 쓰는 것처럼 보이거나 바라는 바를 조장하는 것처럼 보일 수 있습니다. 부모의 칭찬과 일치하지 않는다고 여길 때에 자녀에게 불안을 유발합니다.

8. 욕설, 조롱

"이 울보야.", "그래 너 잘났다."

조롱하는 듯한 말투는 자녀가 자신을 가치 없고 사랑받지 못한다고 느끼게 할 수 있습니다. 자녀의 자아정체성에 부정적인 영향을 끼칠 수 있고, 반항심을 일으킵니다.

9. 분석, 진단

"무엇이 잘못되었느냐 하면….", "너는 단지 피곤한 거야.", "네가 정말로 말하려는 것은 그게 아니야."

부모의 입장에서의 진단은 자녀에게 위협과 좌절을 줄 수 있습니다. 자녀가 궁지에 몰리고, 불신당했다고 느낄 수 있고, 왜곡된 진단에 노출되는 것을 두려워하며 대화를 멈추게 됩니다.

10. 동정, 위로

"걱정하지 말아라.", "앞으로 나아질 거야.", "기운을 내!"

자녀가 이해받지 못한다고 느끼게 하며 강한 적개심을 일으킵니다. "말이야 쉽지."라고 생각합니다.

11. 캐묻기와 심문하기

"왜", "누가", "무엇을", "어떻게"

이런 질문에 답하면 종종 비판이나 해결책이 따르므로, 자녀는 대답하지 않거나 피하거나 대충 거짓말을 하게 됩니다. 부모가 퍼붓는 질문에 무슨 의도로 말하는지 혼란에 빠져 불안하고 두려워할 수 있습니다.

12. 화제 바꾸기, 빈정거림, 후퇴
"다른 즐거운 일이나 이야기하자.", "세상일 다 해결해 보시지!", 또는 침묵한 채 외면한다.

삶의 어려운 문제를 맞서 대처하기보다 회피해야 한다는 것을 암시합니다. 자녀의 문제는 중요치 않고, 사소하거나 쓸모없다는 것을 나타낼 수 있습니다.

토마스 고든은 이 12가지 걸림돌 외에도, 반대 혹은 거부하는 것과 남과 늘 비교하는 것을 포함하면 14가지 걸림돌이 있다고 봅니다. 걸림돌을 사용하면 감정의 혼란스러움으로 부모 관계가 악화하고 문제 해결이 안 되며 자녀의 자존감이 낮아진다고 봅니다.

이러한 14가지 걸림돌을 보면 "도대체 그럼 아이와 무슨 이야기를 하라는 거야?"라고 생각할 수 있습니다. 그만큼 우리는 내가 한 말이 걸림돌이 되는지조차 생각하지 않고 하고 싶은 말만 하지 않았을까요? 혹시 오늘 내가 한 말 중에 위의 12가지 걸림돌을 사용한 대화가 없었는지 조용히 하루를 되돌아보아요.

반영적 경청, 때로는 오작교가 되라

자녀가 어떤 문제를 가지고 있을 때 말, 태도, 말씨 또는 신체적 표현을 통하여 부모에게 단서를 전달합니다. 따라서 부모는 아이의 말뿐 아니라 말투, 억양, 표정이나 머리나 옷맵시 등의 비언어적 부호에도 민감하게 반응할 수 있어야 합니다. 그런 후 자녀가 보낸 단서에 대한 부모의 느낌이나 생각을 피드백하여야 합니다. 자녀는 부모의 피드백을 긍정하거나 부정하여 좀 더 확실한 암호를 보내게 됩니다. 이 과정에서 부모의 경청이 매우 중요한데 경청의 뜻을 한 번 살펴보겠습니다.

경청(傾聽)

> **경청(傾聽): 경(傾)(기울어질 경), 청(聽)(들을 청)**
> 한자를 풀어보면 경(傾)은 머리를 기울여 듣는 자세를 말합니다. 청(聽)은 귀가 왕처럼 중요하며 열 개의 눈으로 보는 듯하고, 하나의 마음으로 흐트러짐 없이 잘 듣는 것을 말합니다. 경청은 잘 듣는 것을 넘어 상대방을 존중하고 이해하는 겸손함을 포함합니다.

III. 초보 부모, 칭찬과 경청의 다리를 건너라

부모와 자녀와의 관계를 보면, 부모는 자녀보다 나이나 힘, 키의 우위에 있습니다. 그래서 가르쳐야 할 대상이라고 생각하기에 잘 듣지 않는 경향이 있습니다. 부모가 할 말이 너무 많을 뿐 아니라 듣는다고 해도 이미 답이 정해져 있는 '답정너'이지요. 아이의 문제에 귀 기울이기보다 눈에 보이는 행동을 교정하기에 너무 바쁩니다. 그러므로 자녀와 관계가 틀어지고, 육아가 어렵다고 하소연합니다. 따라서 부모 역할을 잘하기 위해서 반영적 경청이 필요한 이유입니다.

이지훈 작가의 『혼 창 통』이라는 책에는 배우자 경청, 소극적 경청, 반영적 경청과 맥락적 경청에 대한 설명이 있습니다. 배우자 경청은 TV 등 딴짓하면서 듣는 것을 말합니다. 결혼한 지 좀 지난 부부간의 듣는 것을 묘사하는데 듣다가 시끄럽다고 말을 가로막기도 합니다.

소극적 경청은 자녀의 말과 행동 등을 관찰하고 침묵, 고개 끄덕임 등을 하지만 건성으로 듣는 것을 말합니다. 부모의 소극적 경청은 자녀가 자신의 말에 진심 어린 경청을 하는지 이해하는 데 한계가 있습니다. 부모 또한 자녀의 감정과 속마음을 제대로 이해하지 못하기 때문에 아이를 제대로 도울 수 없게 됩니다.

반영적 경청은 적극적 경청이라고도 합니다. 자녀가 말한 메시지를 반영해 주거나 다시 자녀의 말을 확인하는 언어적 반응이라고 할 수 있습니다. 들은 것을 다시 확인함으로써 자녀의 말을 이해하고 경청하였음을 적극적으로 나타내는 것입니다. 자녀가 보낸 메시지의 의미를 새로운 표현으로 되돌려 줌으로 청취했음을 증명합니다.

맥락적 경청은 말 자체뿐 아니라 그 말을 하게 된 의도와 감정, 맥락까지 헤아리면서 듣는 것을 말합니다. 예를 들면, 아이가 오늘 오후 독감 주사를 맞아야 하는데 아침에 밥을 먹다가 엄마에게 물어봅니다.

아이 : 엄마! 오늘 주사 꼭 맞아야 해요?
배우자 경청 수준 : 너는 지금 그걸 말이라고 하니?
소극적 경청 수준 : 주사 맞는 게 좋아.
반영적 경청 수준 : 주사 맞는 것이 무섭구나.
맥락적 경청 수준 : 오늘 주사 맞으려고 하니 무섭고 싫은가 보구나. 그래도 독감 주사를 맞으면 예방할 수 있으니 조금 용기를 내는 게 어때?

아이가 원하는 것은 부모의 판단이 아니라 이해와 위로이지요. 주사를 맞지 않겠다는 말이라기보다 주사에 대한 두려움을 표현하여 부모의 공감과 이해를 얻고 싶은 마음입니다. 경청은 사람 사이 관계의 첫걸음입니다. 상대방의 이야기를 주의 깊게 듣고, 그가 하는 말에 대한 속마음을 이해한다면 보다 행복한 관계를 맺을 수 있습니다. 부모에게 반영적 경청을 듣고 자란 아이는 정서 지능(EQ)이 뛰어나고 자존감이 높다는 연구 결과도 있습니다.

자녀 : 엄마! 오늘 꼭 주사 맞아야 해?(떨리는 목소리로)
엄마 : 주사 맞는 것이 무섭구나!(반영적 경청)
자녀 : 응, 주사 맞는 것이 제일 무섭고 싫어.

이처럼 반영적 경청은 자녀의 표현 뒤에 감춰진 느낌을 찾아내고, 그러한 느낌을 올바르게 반영하는 것을 말합니다. 감정의 홍수 이론에 의하면, 정상 상태에서는 생각과 감정이 균형되어 있으나 홍수 상태(열 받을 때)에서는 감정이 생각을 집어삼킵니다. 이때 반영적 경청 후에는 다시 생각과 감정이 균형을 찾게 됩니다.

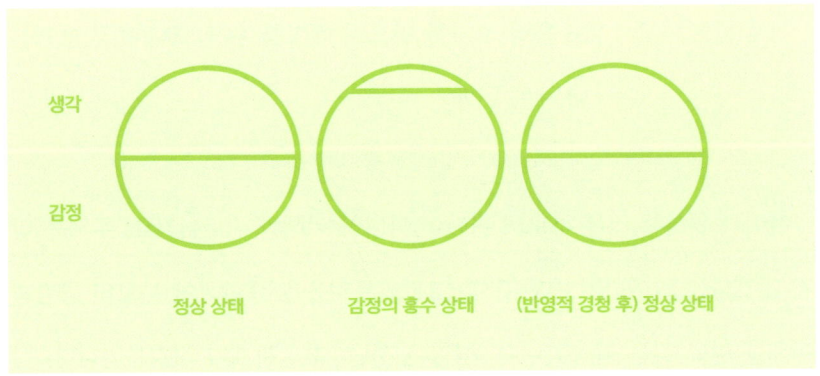

반영적 경청은 많은 연습이 필요하고, 말처럼 쉽지 않습니다. 자녀가 어떻게 느끼고 있는지, 그것을 들었을 때 어떤 감정을 느꼈는지 진심 어린 경청이어야 합니다. 아이의 느낌과 감정에 민감해야 하는 동시에 잘 듣고 반영적 경청을 해 주는 것이 필요합니다.

반영적 경청을 적극적 경청이라고도 합니다. 소극적 경청은 아이를 돕는 데 한계가 있기에 반영적 경청을 해 주어야 합니다. 그래야 아이의 감정과 교류를 하게 되고, 부모와 자녀가 행복하고 원만한 관계를 유지하게 됩니다.

반영적 경청을 할 때 참 애매한 경우도 많이 있습니다. 예를 들면, 아버지와 사이가 좋지 않은 딸이 엄마에게 아버지에 대한 불평을 늘어놓을 때 반영적 경청을 해야 하나 하는 생각이 듭니다. 다음의 예를 살펴봅시다.

딸 : 엄마! 난 아빠가 너무 싫어요. 용돈을 좀 달라고 하면 잘 주지도 않고 야단만 쳐요.

엄마 : 아빠가 용돈을 잘 주지 않아서 싫단 말이구나. (반영적 경청)

딸 : 예, 진짜 싫어요.

엄마 : 그래. 아빠가 진짜 싫구나. (반영적 경청)

딸 : 어제도 용돈 만 원만 달라니까 낭비벽이 심하다면서 안 주었어요.

엄마 : 속상했겠다. 그런데 아빠가 어제 돈이 없어서 엄마에게 주라고 살짝 말씀하셨어. 엄마가 줄게.

딸: 정말요?

엄마: 여보. 당신 어제 유나가 용돈 달라는데 안 주어서 유나가 속상했나 봐요.

아빠: 내가 수중에 돈도 없었지만, 유나가 낭비가 심한 것 아니야?

엄마: 유나가 그림을 그리려고 수채 물감이 필요했나 봐요. 유나도 나름 아끼고 있는 것 같고 당신이 용돈을 주면 정말 고마워하고 있어요. 용돈 줄 때 잔소리하지 말고 기분 좋게 주는 것이 좋겠어요.

이처럼 반영적 경청을 할 때 부모 중 한 명은 때로는 오작교가 되어야 합니다. 오작교는 일 년에 한 번 단옷날 견우와 직녀가 만나는 다리입니다. 오작교가 아니면 견우와 직녀는 서로 손을 맞잡을 수 없고, 통할 수 없잖아요. 부모 중 한 사람과 자녀와 관계가 좋지 않을 때 다른 한 사람이 오작교가 되어주어야 합니다. 반영적 경청을 한다는 것은 감정을 읽어줄 뿐 아니라 좋은 관계를 맺고 싶은 마음마저 알아주면 금상첨화랍니다.

고수 부모 TIP

반영적 경청 실습하기

1. 할머니는 왜 돌아가셨어요? 할머니가 살아계시면 좋겠어요.
   느낌 : 아쉬움, 그리움
   반영적 경청 : 할머니가 정말 그립구나.

2. 나는 엄마가 화가 나면 어디론가 달아나고 싶어요.
   느낌 : 두려움, 불안함
   반영적 경청 : 엄마가 화가 나면 불안하구나.

3. 엄마! 어디 가지 마. 엄마랑 함께 있고 싶어.
   느낌 : 소외감
   반영적 경청 : 지금 혼자 있고 싶지 않구나.

4. 다섯 살 된 딸이 세 살된 동생의 과자를 뺏는다. 동생이 누나를 가리키며 울면서 엄마에게 다가온다.
   느낌 : 좌절감, 분노
   반영적 경청 : 누나가 과자를 빼앗아서 화가 나는구나.

고수 부모 TIP

5. 엄마! 나는 동생이 미워요. 엄마가 나랑 놀 시간이 없잖아요.

    느낌 : 외로움, 섭섭함

    반영적 경청 : 엄마가 너랑 함께 할 시간이 많지 않아서 섭섭했구나.

6. 만약 아빠가 내 머리 모양에 대해 타박하면 그때는 한바탕 해댈 거예요.

    느낌 : 화남, 분노

    반영적 경청 : 너는 아빠가 네 머리 모양에 대해 흠잡는 것이 너무 싫구나.

7. 나는 이제 피아노 학원 다니기 싫어요. 피아노 선생님은 연습을 너무 많이 시켜요.

    느낌 : 좌절, 싫증

    반영적 경청 : 너는 많은 피아노 연습량 때문에 싫증이 났구나.

8. 받아쓰기 연습을 많이 했는데 50점밖에 안 나왔어요.

    느낌 : 속상함, 실망

    반영적 경청 : 많은 노력을 했는데 기대에 못 미쳐서 실망하고 있구나.

9. 엄마 동생이 미워 죽겠어.

    느낌 : 미움, 시기

    반영적 경청 : 네가 동생이 몹시 밉구나.

고수 부모 TIP

10. 엄마 내가 싫어하는 체육 선생님이 담임이 되었어요.

    느낌 : 실망, 답답함

    반영적 경청 : 너는 그 선생님과 어떻게 1년을 보낼지 답답해하는구나.

화, 참는 것이 좋을까 내는 것이 좋을까

아이를 키우는 부모가 매일 아침 다짐하는 말이 있습니다. '오늘은 아이에게 화를 내지 말아야지.'라고 말입니다. 그 말은 반대로 생각하면 화낼 일이 많다는 뜻이겠지요.

그래요. 화를 내는 일은 날마다 가볍게 찾아옵니다. 울컥 치밀어오르는 화, 때려주고 싶을 정도로 미워지면서 풍선처럼 부풀어 오르는 화, 폭발 직전의 활화산처럼 통제가 안 되는 화에 이르기까지 '화'라는 감정은 내 삶의 근처에서 늘 어슬렁거립니다. 그런데 '화'라는 감정은 나쁜 걸까요?

우리가 매일 느끼는 감정은 예측할 수 없고 변화무쌍한 날씨와 같습니다. 비가 보슬보슬 올 때도 있고, 천둥 번개와 함께 폭우가 쏟아질 때도 있습니다. 싸락눈이 올 때도 있고, 교통을 마비시키거나 축사의 지붕을 내려앉을 정도의 폭설이 내릴 때도 있어요. 햇빛이 따사로이 비칠 때도, 바람이 불 때도 있습니다. 이처럼 사람들이 살아가면서 느끼는 감정은 날씨처럼 다채로워요. 그 중의 '화'라는 감정은 육아하는 부모와 매우 친합니다.

그 이유는요. 부모와 아이 욕구의 크기가 다르기 때문이에요. 서른아홉 살 어른이 원하는 욕구와 아홉 살 아이가 원하는 욕구가 다릅니다. 욕구의 차이에서 오는 틈새를 좁히는 노력이 훈육입니다. 그런데 부모와 아이의 욕구 차이를 좁히는 것이 여간 어려운 것이 아닙니다. 기다림이 필요한 공간에서 화가 폭발하기도 하고, 그 화의 분진에 부모와 아이 둘 다 화상을 입고 맙니다. 화를 잘 내는 일이 무엇보다 중요한 이유입니다.

화라는 감정은 나쁜 감정이 아닙니다. 내가 느끼는 모든 감정은 나쁜 것이 아니라 누구나 느낄 수 있는 감정입니다. 감정이 없다면 오히려 그것이 문제이지요. 성경에 '화를 내도 죄를 짓지 말라.'는 말이 있습니다. 화라는 감정이 나쁜 것이 아니라 '화를 내는 것'이 똑똑하지 못할 때 나쁜 것이 됩니다. 화를 내도 똑똑하고 자연스럽게 내야 합니다.

아이를 키우면서 화가 나는 상황이 많이 있지요. 부모는 아이를 정말 사랑하는데 버럭 화를 내고 미안함과 죄책감에 눈물을 흘리곤 합니다. 화내는 부모가 아니라 따뜻한 부모가 되고 싶은 마음에 잠 못 이루기도 하지요. 어떻게 하면 똑똑하고 자연스럽게 화를 낼 수 있을까요?

첫째, 감정을 앞세우지 않아야 합니다.
식사 시간, 앉는 자리를 두고 동생과 싸우는 큰 애를 보고 "너는 만날 양보할 줄 모르고 허구한 날 동생과 싸우니?"라고 혼내는 것은 반칙입니다. 이렇게 혼내면 큰 애는 반발심만 생깁니다. "내가 언제 맨날 싸웠어?"하고 덤빕니다. 그러다 부모에게 "어디서 말대꾸야?"라고 더 혼이 나는 일이 더 벌어지고, 아이는 바뀌지 않습니다. 자리를 갖고 싸우는 것을 보면 화를 내기보다 시간을 두고 둘이 적당히 타협하는 순간을 가만히 지켜보는 것이 좋습니다. 그래도 안 되면 "엄마 지금 너무 화가 나려고 한다. 싸움 그치고 빨리 의자에 앉아."라고 부모가 화가 났음을 예고해야 합니다. 꾹꾹 참다가 한꺼번에 폭발하는 것이 더 상처가 큽니다.

둘째, 감정보다는 사실을 말해주는 것이 더 효과적입니다. "엊저녁에도 블록 놀이하다가 동생하고 싸웠지?"라고 동생에게 싸웠던 사실을 말해주어야 합니다. 그래야 아이가 어제도 동생과 싸웠던 생각을 합니다. 그다음에 "네가 동생과 싸워서 엄마가 힘들다."라고 엄마의 감정을 밝혀야 합니다. 그리고 부모의 관점에서 혼내는 이유를 설명해 줘야 합니다. "형제끼리 우애 있게 지내야 하는데 싸우면 자칫 다칠 수도 있고 말이야." 그래야 아이는 부모의 말에 공감할 수 있고, 반성하게 됩니다.

셋째, 남과 비교하지 않아야 합니다. "네 1학년 때 짝꿍이었던 민수 말이야. 걔는 시험만 보면 100점이래. 너는 맨날 게임이나 하니까 공부도 못하고 커서 뭐가 되려고 그러니?"라고 말하면 아이는 오히려 반발심이 생깁니다. '공부를 열심히 해야지.'라는 생각은 안 나고 화만 납니다. 아이를 남과 비교하는 부모는 자신이 열등감이 커서 아이를 통해 열등감을 보상받으려는 심리가 있습니다. 그래서 훈육 대신 화풀이를 하게 됩니다.

넷째, 극단적인 표현을 자제해야 합니다. "너 엄마가 확 죽어버려야 속이 시원하겠어? 너 때문에 못 살겠다." 이런 소리는 들은 아이는 두려운 마음에 금방은 수그러들겠지만, 깊은 상처를 주게 됩니다. 만약 화가 나서 참을 수 없다면 깊은 심호흡을 하는 것도 큰 도움이 됩니다.

다섯째, 한 번 훈육했으면 그것으로 끝내야 합니다. 같은 말을 반복하면 아무리 좋은 말이라도 잔소리가 됩니다. 아이가 변화하기를 원해서 꼭 하고 싶은 말이 있다면, "네가 책을 읽은 후에는 소파에 어질러 놓지 말고 제자리에 갖다 놓으면 좋겠어."라고 짧고 간결하게 할수록 더 효과가 뛰어납니다. "도대체 몇 번이나 말해야 알아듣겠어?"라는 둥 다른 말을 덧붙이는 것은 잔소리가 됩니다.

여섯째, 때로는 침묵도 훈육에 큰 도움이 됩니다. 아이를 대하다 보면 자신이 옳고 그름을 인지하고 있음에도 실수를 저지를 때가 있습니다. 엄마는 집안에서 뛰면 넘어져 다칠 수가 있으니 잔걸음을 걸어야 한다고 이야기합니다. 그런데 아이가 급한 마음에 뛰어가다가 선풍기에 걸려 넘어집니다. "아이 아파! 아이 아파!" 아이는 선풍기를 세워 놓고 발이 아프다고 하며 엄마를 바라봅니다. 아이는 이미 알고 있지요. 집안에서 나도 모르게 뛰다가 다칠 뻔했다는 것을요. 아이가 다치지 않았다면 그때는 "내가 뭐랬어. 걸어 다니라고 했잖아!"라고 하기보다 화를 누르고 침묵으로 아이를 바라보는 것도 괜찮은 대화법입니다.

일곱째, 훈육을 해야 하는데 화풀이를 했다면 반드시 아이에게 사과해야 합니다. 부모도 사람인지라 훈육을 해야지 생각하면서도 나도 모르게 화풀이를 할 때가 있습니다. 기분이 좋을 때는 피아노 학원 한 번씩 빠지는 것도 괜찮다고 하다가 화가 날 때는 절대 안 된다고 합니다. 좋지 않은 일이 있거나 너무 피곤할 때는 이성보다 감정이 앞서서 마련이지요.

"너는 학원 빠지는 것을 밥 먹듯이 하니? 학원비가 얼마인데 그러려면 학원을 끊든가."

라며 화를 버럭 냅니다. 울먹이며 현관문을 나서는 아이를 보며 엄마는 '아차' 싶습니다. 엄마도 알고 있습니다. 화풀이했다는 것을요. 이때는 아이가 돌아오면 사과를 해야 합니다.

"엄마가 화를 내서 미안해. 네가 학원을 빠지는 일이 한 달에 한두 번인데

밥 먹듯이 빠진다고 해서 속상했지?"

라고요. 아이도 마음이 풀리고, 미안할 때 사과하는 법도 배우게 됩니다.

기다리지 못하는 아이, 기다리지 못하는 부모

은재 엄마는 초등학교 1학년 아들과 이야기를 할 때마다 답답하다고 호소합니다. 엄마 이야기를 끝까지 듣지 않고 엉뚱한 이야기를 하거나, 기다리지 못하고 떼를 쓰는 아들이 못마땅해요. 오늘 오후에도 아이는 방과 후 수업을 마치고 집에 오자마자 텔레비전을 켭니다. 은재 엄마는 손부터 씻으라고 해도 들은 체 만 체합니다. 엄마 말은 늘 귓전에 흘립니다.

"은재야! 밖에서 집에 돌아오면 손부터 씻어야지?"
"엄마! 나 언제 밥 먹어?"
"손부터 씻으라니까!"

은재 엄마의 목소리가 점점 커집니다. 그제야 은재는 마지못해 화장실에 들어가 대충 손에 물만 묻히고 돌아옵니다.

"엄마! 나 그림 그릴래? 어제 내가 그린 그림 어딨어? 어딨어?"

은재는 이 방 저 방 징징 대면서 엄마를 재촉합니다.

"빨리 종이 내놔. 내 그림 어딨어. 빨리빨리."
"잠깐만, 어제 그렸던 그림 어디 있는지 천천히 찾아보자."
"빨리 달라고, 빨리 달라고. 이잉."
"뚝 그치지 못해? 네가 그런다고 그림이 갑자기 나타나니?"

은재는 징징대면서 엄마를 재촉합니다. 머릿속에 무엇인가 생각이 나면 바로 눈앞에 번쩍하고 나타나야 하는 듯 기다릴 줄 모르는 아이가 엄마는 너무 힘겹습니다.

사람은 누구나 어떤 상황에서 욕구가 충족되거나 결핍되었을 때 느끼는 감정이 있어요. 그런데 그 감정을 어느 정도 조절할 수 있어야 합니다. 홍수에 대비해서 수위를 조절하는 저수지와 같습니다. 물이 어느 정도 차서 보를 감당할 수 없을 때 저수지 수문을 열어 둑이 터지는 것을 막지요. 물이 바닥이 보일 정도로 얕은데 시도 때도 없이 수문을 연다면 어떻게 될까요?

은재는 잘 참지 못하고, 화를 잘 내는 아이입니다. 마음의 욕구가 일어나면 그 욕구가 채워질 때까지 계속 징징대고, 채워지지 않으면 화를 냅니다. 자신의 마음을 들여다보거나 다른 사람의 마음을 생각할 여유가 없습니다. 욕구가 즉각 채워지지 않을 때 화가 나는 감정을 조절하지 못합니다. 작은 감정을 마음속에 담지 못하고, 마구 밖으로 쏟아내니 참을성이 없고 진중하지 못한 것 같아요.

감정을 담는 그릇을 오은영 박사는 감정 주머니라고 표현하고 있어요. 그가 쓴 『못 참는 아이 욱하는 부모』에 '감정 주머니가 작은 요즘 아이들'이란 이야기가 나옵니다.

> 감정 주머니는 강하고, 불편한 감정을 담아 두는 역할을 한다. 주머니에 담긴 감정은 시간이 지나면 삭기도 하고, 녹아 없어지기도 한다. 감정은 홍어를 삭이듯 김치를 숙성시키듯 자기 안에 좀 머금고 있어야 한다.

한마디로 은재는 기다리지 못하고 참을성이 없는 감정 주머니가 작은 아이입니다. 그래서 자신의 감정을 마음에 머금고 격한 감정은 누그러뜨리고, 과다한 감정은 좀 줄이는 것이 어렵습니다.

기다리지 못하고, 벌컥벌컥 화를 내는 이유는 어디에 있을까요? 원인은 다양하게 있을 수 있습니다. 기질상 화를 잘 내는 성격일 수도 있고, 부모 중에 성격이 급한 사람을 모델링할 수도 있습니다. 화가 났을 때 어떻게 행동해야 하는지 배운 적이 없어서일 수도 있답니다.

기질상 참을성이 부족하고 화를 잘 내는 성격은 고치기가 어렵습니다. 어릴 때, 성격이 급한 부모가 갑자기 화를 내는 모습을 본 아이는 닮을 확률이 높습니다. 우리 뇌에서 오케스트라처럼 다양한 감정을 조율하는 부위가 변연계입니다. 부모가 화를 내는 모습을 보며 자라는 아이는 이 부위가 무뎌진다고 합니다. 부모가 화를 내는 모습이 싫다고 느끼는데도 어느새 자신은 그 부모를 닮는 겁니다.

은재 아빠는 아이들과 함께 차를 타며 운전할 때 거친 소리를 많이 냅니다. 갑자기 차가 끼어들거나, 뒤에서 빵빵거릴 때마다 "아이 씨, 죽을래?"라고 혼잣말을 해요. 자신도 모르게 튀어나오는 말이라서 아이들이 듣는다는 자각도 하지 못합니다. 그날도 아이들과 할머니 댁에 가는 길이었어요. 멀미가 난다고 해서 조수석 자리에 앉은 아들이 "아이 씨, 죽을래?"라는 말을 듣고 아빠는 뜨끔합니다. 무심코 한 말을 아이가 그대로 따라 한다는 사실을 언제 어디서나 기억해야 합니다.

아이가 화가 났을 때 어떻게 행동해야 하는지 가르쳐야 합니다. 가르치는 사람은 우위에 있어요. 멘토가 되어서 보여주는 모습으로 가르칠 수도 있지만, 아이들은 정확하게 말로 설명하지 못하면 이해하지 못합니다. 그래서 구체적으로 설명하고 반복해서 연습해야 합니다.

예를 들면, 차례를 기다려야 할 상황에 기다리지 못하고 징징대거나 짜증을 낼 때가 있어요. 이때는 "기다리는 거야. 아직 네 차례 아니야."라고 짧게 말하면 됩니다. 이때 부모가 평정심을 잃지 않아야 합니다. 계속 재촉하더라도 흔들림 없이 '기다려야 한다.'라는 메시지를 주어야 합니다.

"기다리라고 했잖아. 여기 너만 있을 것 아니잖아. 내가 너 때문에 창피해서 못 살겠다."라는 말은 금물입니다. "다시는 너 데리고 공원에 안 올 거야. 두 번 다시 오는지 두고 봐라."라는 말은 아이를 더 흥분시킬 수 있답니다.

지금 우리가 아이에게 가르쳐야 할 것이 무엇인지 분명히 기억해야 해요. 참을성이 부족하여 기다리지 못하는 아이에게 '기다려야 할 곳에서는 참고 기다려야 한다.'라는 사회적인 합의와 규칙을 가르치고 있습니다. 물론 집에서도 마찬가지지요. 할머니나 웃어른과 함께 식사할 때도 기다리는 법을 가르쳐야 합니다.

주변에 보면 ADHD 유사 성향을 지닌 아이들은 기다리는 것을 정말 힘들어합니다. 말보다 행동이 앞서고, 자신도 모르게 특별한 이유 없이 다른 아이들을 때리거나 괴롭히기도 해요. 충동성이 강해서 가만히 앉아 있지 못하고 몸을 들썩이거나, 연필로 책상을 계속 두드리는 등 주변을 혼란스럽게 합니다. 주변에 선생님이나 부모님이 있다면 아무리 훌륭한 인품을 가진 사람도 화를 돋우기 딱 알맞은 상황을 참 많이 만들곤 해요. ADHD로 진단이 나온 아이라면 약물치료와 함께 행동 치료나 다른 치료를 병행해야 합니다.

ADHD가 아닌 단순히 참을성이 부족하여 기다리지 못하고 화를 잘 내는 아이는 반복적인 학습을 통해 수정될 수 있습니다. 이에 앞서 부모가 버럭 화를 잘 내고 욱하는 성질이 있다면 아이의 행동을 고치기에 앞서 부모의 육아 방식을 점검해 볼 일입니다.

비교의 늪에 빠진 부모, 칭찬에도 전략이 필요하다

"한 집안의 복은 딱 한 컵이다."라고 MKYU를 운영하는 김미경 학장이 말했습니다. 그는 자녀교육에 지친 부모의 자존감을 세워주고, 잃어버린 성장 의식을 깨웁니다. 아이를 키우다 보면 한 번쯤 슬럼프가 찾아옵니다. '나'는 온데간데없고 '나'말고 모든 엄마가 잘난 사람처럼 보일 때가 있지요. 저도 망망대해 홀로 떠다니는 작은 배처럼 위태로울 때, 내게 있는 '딱 한 컵'의 등대를 만났지요. 공부를 좀 못해도 친구랑 잘 어울리는 아이, 몸이 허약해도 마음만은 따뜻한 아이, 천방지축 산만하지만 건강한 아이, 우리 아이에게만 있는 '딱 한 컵'이 보이더군요.

"어머, 누구 부모 딸내미 외고 갔대요. 너무 부럽다 이러죠? 부러워하지 마세요. 조금 있다가 자퇴해요. 어머, 누구 아들 미국 명문대 입학했대. 너무 부럽죠? 부러워하지 마세요. 조금 있다 적응 못 하고 돌아와요. 미국 갔다는 이야기 들었는데 왔다는 얘기는 못 들었죠?"

김미경의 강의에 폭소를 터뜨리지만, 그건 옆집 아이가 자퇴하고 유학에 적응 못 한 것이 잘되었다는 의미는 아니지요. 가끔 명문고나 외국 대학에 입학한 후 자퇴하고 되돌아온 안타까운 이야기를 듣곤 합니다. 지나친 기대와 스트레스로 정신병을 갖고 오는 예도 있어요. 다른 사람을 볼 때 겉으로 드러나는 좋은 면만 보고 부러워하지만, 나에게도 남들이 부러워할 만한 우애나 건강이 있을 수 있습니다.

돌이켜보면 '딱 한 컵의 복'이라는 말이 실감이 납니다. 어릴 때 부모님이 돈을 잘 벌어 사과 한 개를 물고 다니던 친구가 부러웠던 나는 사과가 먹고 싶을 때 먹을 수 있습니다(정말 사과 살 돈이 없을 정도로 가난한 사람이 있습니다). 중학교 때 월사금을 내지 못한 친구는 지금 다문화 아이들에게 장학금을 주는 사람이 되었습니다.

옆집 아이와 비교하며 불안해하는 부모에게, 다른 사람과 비교하며 열등감에 힘들어하는 사람에게 위안을 주는 말입니다. 그렇죠. 우리가 불안과 열등감에 빠지는 이유가 결국 비교인 것 같습니다. 아이를 키우는 부모가 내 아이와 옆집 아이와 비교하는 순간, 불행해지기 시작합니다. 내 아이는 '이 세상에 유일한 한 사람'입니다. 다른 아이와 비교할 대상이 아닙니다. 내 아이를 있는 그대로 받아들이기 바랍니다.

주연이는 여느 아이들과 다름없는 평범한 아이입니다. 성적도 그런대로 괜찮고 또래 아이들과 잘 지낼 뿐만 아니라 외동딸인데도 자기 할 일을 잘하는 편입니다. 요즘 초등학교에는 중간고사나 기말고사가 사라지고, 수행평가가 주를 이룹니다. 학부모가 더 신경을 쓰는 평가는 실기가 주를 이루는 예체능 평가보다 수학 수행평가입니다. 미술 실기 같은 경우 선생님의 주관에 따라 잘함이나 보통 등 약간의 여지가 있겠으나 수학은 맞으면 맞고 틀리면 틀리고, 여지가 없기 때문입니다.

오늘은 3학년 주연이의 수학 수행평가가 예고된 날입니다. '세 자릿수의 받아 올림이 있는 덧셈과 뺄셈 계산하기'인지라 어젯밤 늦게까지 아이에게 개념을 설명하며 풀어보았습니다. 1학년 때부터 받아 올림이 있는 덧셈을 유난히 어려워해서 애를 먹었습니다. 바둑알이나 이쑤시개 등으로 열씩 묶어 세어 십의 자리에 하나 올리기를 밥 먹듯이 연습했어요. 겨우 개념을 익혔다 싶었는데 두 자릿수의 덧셈, 세 자릿수의 덧셈 등으로 수가 많아지니 또 헷갈립니다. 받아쓰기 등 어휘 사용 등의 이해력과 적응력이 좋은데 유난히 수학에서 받아 올림이나 받아 내림 등을 어려워하니 여간 신경이 쓰이는 것이 아닙니다.

워킹맘 주연이 엄마는 오늘 일이 잡히지 않아요. 아이가 수업을 마칠 때를 기다려 전화를 합니다. 하교 시간이라서 몇 번이나 기다려 겨우 통화를 합니다.

"주연아! 오늘 수학 수행평가 몇 점 받았어?"
"엄마 나 100점이야 야호!"
"와 정말? 우리 딸 최고네?"

100점 받은 딸이 너무 대견해서 미소가 저절로 번집니다. 순간 다른 아이들의 성적이 궁금해집니다. '우리 딸만 100점 받은 거라면 잘하는 거지만, 다른 아이들도 다 100점 받았다면 평균인 거지.'라는 생각에 아이에게 또 물어봅니다.

"근데 너희 반에 100점 받은 아이 몇 명이야?"
"몰라. 근데 그거 왜 물어봐?"
"아니 그냥. 너희 반 수학 잘하나 싶어서…."
"현진이도 100점, 내 짝도 100점, 100점 받은 아이 많은 것 같은데? 시험이 쉬웠어."

100점이 많다는 말에 기쁨이 반감됩니다. '비교'하는 것이 얼마나 우리 삶에 가까이 있는지요. 아이들은 도토리 키재기입니다. 받아쓰기 50점이나 100점이나 1학년 때에는 차이가 있더라도 3학년 정도가 되면 거의 비슷해지지요. 조금 더 빠르게 익히거나 늦게 익히거나 차이입니다. 아이마다 재능이 다릅니다. 다른 아이와 어떤 한 면을 비교하는 것은 큰 의미가 없지

Ⅲ. 초보 부모, 칭찬과 경청의 다리를 건너라

요. 그래서 '비교하려면 남과 비교하지 말고 어제의 나와 오늘의 나를 비교하라.'라는 말이 있습니다.

어떤 것을 잘하는지 어떤 것을 할 때 시간 가는 줄 모르게 재미가 있는지 그것을 발견하는 것이 중요합니다. 어제보다 더 나은 내가 되기 위해, 과거의 나보다 더 나은 나로 성장하기 위해 노력하는 겁니다. 조금씩 성장하기 위해 어제의 나와 오늘의 나를 비교하는 것은 할수록 바람직하답니다. 받아쓰기 50점을 받은 아이는 칭찬을 받아야 할까요? 꾸중을 들어야 할까요? 다른 아이들과 비교한다면 당연히 꾸중을 들어야 할 점수일 겁니다.

"너는 왜 이런 것도 틀리니? 넌 바보야? 도대체 몇 번이나 가르쳐야 알아듣겠니?"

이런 꾸중을 들은 아이는 어떤 기분일까요? '나는 정말 바보구나, 나는 왜 이런 그것도 못 할까?'라는 생각에 마음이 움츠러듭니다. 아이가 성장하기를 바란다면 내면에 상처를 주는 말과 행동은 피해야 하지요.

아이가 전에 30점을 받았는데 이번에 50점을 받았다면 칭찬할 기회입니다. 다른 아이가 100점을 받았든 90점을 받았든 상관이 없습니다. 저번보다 잘 본 시험점수에 큰 의미를 두어야 해요. 부모의 말은 아이의 자존감을 높일 수도 있고, 그나마 남은 자존감을 깎아내릴 수도 있답니다.

"저번에는 30점을 받았는데 이번에 50점을 받았구나. 20점이나 올랐어. 정말 잘했어. 받아쓰기 공부를 열심히 한 보람이 있네? 엄마도 너무 기쁘다."

자신이 받은 점수를 남과 비교당하지 않고 격려를 받게 되면 아이는 마음의 위안을 받겠지요. 다른 아이들이 받은 100점이라는 점수가 부럽고, 자신이 받은 50점이라는 점수가 부끄러웠던 아이였을 겁니다. 우리 아이도 100점을 받고 싶은 아이잖아요. 열심히 노력해서 20점이 오른 성과에 대해 칭찬을 받은 아이는 은근히 마음이 뿌듯해지고 기분이 으쓱해집니다. 조금만 노력하면 더 좋은 점수를 받을 것 같은 자신감도 뽀송뽀송한 가을 구름처럼 충만해집니다.

아이가 상처를 받을까 봐 무조건 잘했다는 칭찬이 아닌 '노력해서 얻은 성과'라는 근거 있는 칭찬을 해야 아이가 수긍할 수 있습니다. 칭찬할 때 몇 가지 주의할 점이 있습니다.

첫째, 구체적으로 칭찬합니다.

아이가 식사 준비할 때 수저를 놓으며 부모를 도와줄 때 그냥 "잘했어."가 아니라 "엄마가 바쁜데 도와주어서 정말 고마워."라고 하는 것이 좋습니다. 그냥 "잘했어."라고 들으면 막연하게 자신이 무엇을 잘했는지 모를 수도 있고, 그냥 덤덤하게 받아들일 수도 있어요. 구체적으로 칭찬을 받으면 '내가 한 행동이 칭찬받을 만한 것이구나.'라고 받아들이게 됩니다. '바쁜 엄마를 도와드리니 엄마가 고마워하시는구나.'라고 생각하고 마음이 뿌듯해집니다. 그렇게 되면 앞으로도 다른 사람의 마음을 헤아릴 줄 아는 아이로 자라게 되겠지요.

둘째, 결과보다 과정을 칭찬합니다.

받아쓰기 100점을 받았을 때 "100점을 받다니 최고야!"라고 하기보다 "열심히 연습하고 노력하더니 좋은 결과가 나왔구나. 수고했어."라고 하는 것이 좋습니다. "100점을 받다니 최고야!"라는 칭찬을 받으면 '다음번에 100점을 받지 못하면 칭찬을 받지 못하겠구나.'라고 생각할 수 있어요. 100점이라는 결과보다 열심히 노력한 과정을 칭찬받으면 다음에도 100점 받아야 하는 부담감보다 노력해야겠다는 마음이 더 앞서게 됩니다.

셋째, 칭찬은 성취욕을 자극할 수 있어야 하고, 장점을 찾아내어 칭찬하여야 합니다.

공부를 잘하는 아이라고 할 때 "우리 딸은 머리가 좋아. 시험만 보면 100점이야. 서울대에도 가겠어."라고 하면 아이는 어떤 마음을 가질까요? 이 말은 부모님으로서는 칭찬이지만, 아이의 처지에서 보면 큰 부담을 느낄 수 있습니다. 부담이 크면 오히려 성취욕을 떨어뜨릴 수 있으므로 이런 말은 신중하게 사용해야 합니다.

반영적 경청과 나 전달법 기어 바꾸기

부모가 마음이 불편할 때 나 전달법을 사용하는 것이 효과적입니다. 반영적 경청이나 나 전달법을 사용하는 이유가 상호성장과 관계개선, 자존감 유지에 있습니다. 자녀의 수용할 수 없는 행동에 대해 표현할 때 '항상', '맨날', '결코', '허구한 날'과 같은 이전의 행동을 끌어들이는 말을 사용하지 않아야 합니다. 위에서 말한 상호성장과 관계개선, 자존감 유지에 찬물을 끼얹어 원하는 바를 얻지 못하기 때문입니다.

그런데 아이와 대화를 하다 보면 반영적 경청과 나 전달법을 함께 번갈아 사용할 때가 있습니다. 예화를 하나 들어볼게요.

중학생 아들 재준이는 기말시험 기간에 다른 때보다 2시간 일찍 깨워 달라고 엄마에게 부탁했습니다. 아침 일찍 아들을 깨우자 웬일인지 기특하게도 선뜻 일어나네요. 평소에 아침잠이 많아 일어나기 힘들어했거든요. 재준이 엄마는 요즘 P.E.T 훈련에서 배우는 긍정적 나 전달법을 사용하여 칭찬합니다.

"재준아! 아침에 일어나기 힘들 텐데 이렇게 일찍 일어나는 것을 보니 엄마가 다 뿌듯하고 기특한 생각이 드는구나!" - 나 전달법

"엄마! 내가 마음을 안 먹어서 그렇지 한 번 한다면 한다고요."

아들은 자신도 기분이 좋은지 바로 반응이 옵니다.

그런데 2시간이나 일찍 일어나 시험공부를 하려나 했는데 웬걸 자꾸 딴 짓하는 겁니다. 샤워도 다른 때 보다 오래 하고, 머리 손질도 정성을 들입니다. 그러더니 핸드폰을 만지작거리면서 실실거리며 웃기까지 해요. 가만히 보니 늦게 일어나나 일찍 일어나나 하는 일이 별반 다를 게 없다는 생각이 들어요. 그러다 가방을 멘 채 거울을 보며 무스를 정성껏 바르는 아들에게 한마디 합니다.

"재준아! 아침에 일찍 일어나서 시간이 많으니까 오만 가지 일을 다 하는구나!"

"엄마! 늦게 일어나도 잔소리, 일찍 일어나도 잔소리야?"

거울을 보던 재준이는 그만 눈살을 찌푸립니다.

재준이는 현관문을 꽝 닫고 나갑니다. 엄마는 그제야 '아차' 하는 마음이 듭니다. 공연히 일찍 일어나서 기분 좋은 아이의 마음을 그르쳤나 싶은 생각에 온종일 썩 기분이 좋지 않네요. 오후에 시험을 마치고 오면 사과하기

로 마음을 먹습니다. 다른 날 보다, 일찍 온 아들에게 큰맘 먹고 이야기를 꺼냅니다.

"재준아! 아침에 엄마가 너한테 오만 가지 일을 한다고 빈정거려서 미안해."
"예 엄마! 막상 아침에 일찍 일어나니 기분은 좋은데 뭘 할지 손에 안 잡혀서 이것저것 했어요."
"그랬구나! 너도 뭘 할지 잘 몰라서 이것저것 하고 싶은 일을 했구나."
- 반영적 경청
"막상 일찍 일어나 시간이 많으니 하기 싫은 공부보다 아침에 바빠서 하지 못했던 것을 하고 싶었어요."
"엄마는 네가 시험공부하려고 일찍 일어난 줄 알았는데 공부는 안 하고 이것저것 다른 일을 하길래 조금 속이 상했어. 시험이 얼마 남지 않았는데 걱정이 되었어." **- 나 전달법**
"예 그래서 아침에 매무새를 멋지게 하고, 학교에 가서 집중하려고 마음 먹었어요. 그래서 그런지 오늘 공부 시간에도 집중이 잘 되고, 수업이 끝난 후 도서관에 가서 세 시간이나 공부했어요. 뿌듯해요."
"그래. 학교에서 집중하려고 마음먹었는데 생각대로 잘 되었네? 도서관에서 세 시간이나 공부했다니 정말 장하다." **- 반영적 경청**

이처럼 '반영적 경청'과 '나 전달법'을 번갈아 사용하는 기법을 '기어 바꾸기'라고 합니다. 왕초보가 차를 몰고 가다 주차를 할 때 참 당황스럽지요. 운전할 때 주차가 가장 힘듭니다. 앞으로 전진 뒤로 후진을 몇 번 반복 하고서야 무사히 주차선에 맞게 주차를 하게 됩니다. 의사소통도 마찬가지입니다. '반영적 경청'과 '나 전달법'을 사용하다 보면 뭔가 부족함을 느끼게 됩니다. 부모와 자녀의 욕구 갈등과 가치관 갈등에 부딪힐 경우가 있기 때문이지요. 기어로 후진과 전진을 반복하듯이 부모와 자녀도 서로의 욕구와 가치관에 대한 이해와 수용을 해야 합니다. 특히 부모는 자녀에 대한 수용 폭을 넓혀야 욕구와 가치관의 대립을 피하고 접점을 찾을 수 있어야 하지요.

청소년 아이가 있으면 늦잠과 게임, 그리고 귀가 시간 등에 대한 욕구나 가치관의 충돌을 자주 겪게 됩니다. 중학생 정민이는 게임 하느라 밤늦게까지 시간을 보내고 아침에 일어나기가 매우 힘듭니다. 주말에 학교에 가지 않는 날에는 거의 정오까지 잠을 잡니다. 그런 아들을 보는 정민이 아빠는 속이 타들어 가고, 볼 때마다 잔소리합니다. 그러다 보니 정민이는 아빠와 대면하는 것을 피하고, 눈도 마주치지 않으려고 합니다.

정민이는 자신이 게임을 많이 하는 편이 아니고, 친구들도 그만큼은 다 한다고 생각합니다. 부모님이 TV 시청을 즐기듯이 자신은 게임이 곧 휴식이고 놀이라고 여기는 겁니다. 공부에 대한 스트레스를 게임으로 푼다고 생각하지요.

부모님 생각은 다릅니다. 게임은 중독성이 있어서 한 번 빠지면 헤어나오기 어렵고, 성적이 처지는 이유가 게임에 뺏기는 시간이 많기 때문이라고 단정 짓습니다. 가족 간의 대화를 빼앗아 가는 주범이 게임인 것 같고, 갈수록 게임에 쏟는 시간이 늘어나는 것만 같습니다. 자주 용돈을 가져가는 것도 게임에 쏟는 것이 아닐까 걱정이 됩니다.

게임을 마음껏 하고 싶은 욕구와 게임은 놀이이며 취미이기 때문에 아무 문제가 안 된다는 자녀의 가치관은 부모의 그것과 대립합니다. 이때 일방적으로 자녀가 문제라고 몰아붙이는 것은 역효과를 가져옵니다. 아이의 행동이 부모 마음에 들지 않더라고 비난 없이 행동에 대해서만 나 전달 메시지를 해야 합니다.

"네가 게임을 밤늦게까지 하면 네가 잠이 부족하여 건강이 나빠질까 봐 걱정되고, 또 해야 할 공부도 제때 하지 못해 성적이 떨어지지 않을까 염려도 돼." - 나 전달법
"엄마! 제가 밤늦게까지 게임만 하는 것이 아니고, 공부하다가 스트레스받을 때 잠깐잠깐 하는 거예요. 계속 게임만 하는 것이 아니라고요."
"그래? 공부하다가 스트레스받을 때 게임을 한단 말이구나!"
- 반영적 경청
"그래요. 공부하기 힘든데 게임까지 안 하면 스트레스가 더 커진다고요."

Ⅲ. 초보 부모, 칭찬과 경청의 다리를 건너라

"공부가 힘들어 게임은 꼭 해야 한단 말이지?" - 반영적 경청

"그렇다니까요. 공부가 너무 힘들어요."

"그렇구나. 엄마는 네가 게임을 할 때 게임 중독성 때문에 걱정이 돼. 공부 스트레스 때문에 게임 하다가 도리어 게임 중독에 빠지게 될까 봐 그게 염려가 되고 속상해." - 나 전달법

"그럼 제가 게임 시간을 줄여 볼게요. 갑자기 확 줄이지는 못하겠지만, 조금씩 줄여 볼게요."

"정말 우리 아들 기특하다. 그렇게 마음먹은 것만 해도 엄마는 정말 고맙다. 저녁에 맛있는 간식 줄게."

게임 시간을 아예 끊는 것이 아니라 줄여 보겠다는 아들의 해결책이 썩 마음에 안 들 수도 있습니다. 하지만, 아들이 게임 시간을 줄여 보겠다는 해결책을 스스로 제시했다는 사실에 주목해야 합니다. 부모들은 게임 중독에 빠진 아이와 거의 대화가 되지 않습니다. 게임을 단번에 끊어야 한다는 부모의 욕구와 게임이 너무 재미있어서 끊을 수 없는 자녀의 욕구 대립이 평행선을 달리기 때문입니다. 부모와 자녀가 마주칠 때마다 싸우거나 아예 말을 하지 않고 담을 쌓고 살기도 합니다.

반영적 경청과 나 전달법으로 기어 바꾸기를 하면서 아이가 스스로 해결책을 찾도록 도와줄 때 효과가 큽니다. 욕구 갈등과 가치관 갈등 사이에서 자녀가 자기 조절력을 가질 수 있도록 해야 합니다. 지시와 강요가 아닌 자

녀의 선택과 결정을 존중해 줄 때 부모를 신뢰하는 아이로 자라게 됩니다.

고수 부모 TIP

경청의 단계를 높이는 방법(Cit 코칭연구소 박정영 코치)

1단계 : 나만의 규칙을 세운다.
 "절대 먼저 충고하지 말자."

2단계 : 적극적으로 공감한다. – 추임새, 끄덕임, 바라보기
 눈 맞춤 : 상대에게 집중하고 있다는 신호
 끄덕임 : 상대의 말에 동의한다는 신호로 받아들이는 신호
 추임새 : 강한 싸인 (응, 그래? 그래서? 그렇구나 등)

3단계 : 요점을 정리해서 확인한다. – 대화에 집중하고 있다는 느낌을 준다.
 "네가 지금 친구와 영화를 보러 가고 싶다는 말이니?"

4단계 : 침묵을 적절히 활용한다.
 – 대화에도 여백의 미가 있다.
  질문할 때 대답을 생각할 시간을 주어야 한다.

IV

고수 부모가 전하는
윈-윈 나 전달법

잠깐, 부모의 감정이 힘들다면 나 전달법(I Message)

워킹맘 영준이 엄마는 급하게 아이들 간식거리와 찬거리를 사고 집에 들어옵니다. 초등 1학년과 3학년 두 아들은 엄마가 들어오는 줄도 모르고 장난을 치고 놀고 있습니다. 형은 동생에게 꿀밤을 먹이고 동생은 아프다고 징징대며 형을 따라다니며 울고 있어요. 동생을 놀리기가 재미있었는지 히히거리는 큰애와 징징대는 막내를 보는 부모의 마음은 불편합니다. 막내는 부모를 보자마자 "엄마! 형 혼내 줘. 나 때리고 꿀밤 줬어."라고 이릅니다. 엄마 없는 동안에 동생을 잘 돌보지 않고 오히려 놀리기나 하는 큰애를 보니 짜증이 납니다. 이때 아이가 엄마를 돕고 싶은 마음이 일어나서 수용할 수 없는 행동을 수정하도록 하는 것이 나 전달법(I Message)입니다.

"아들아! 네가 지금 동생을 잘 돌보지 않고 집적거리니 엄마가 짜증이 나려고 해. 엄마도 해야 할 일이 많은데 동생이 자꾸 이르잖아!"

이렇게 수용할 수 없는 행동은 짧게 언급하고 그에 대한 영향이나 느낌

Ⅳ. 고수 부모가 전하는 윈-윈 나 전달법

을 말해주면 됩니다. 나 전달법(I Message)을 통해 아이는 자신의 행동이 부모에게 구체적인 어떤 영향을 주는지 알게 되고, 그 행동을 계속하려는 욕구가 약화하거나 다른 방법으로 충족됩니다. 자신의 행동이 부모에게 문제가 된다는 것을 알게 되면, 자녀도 그 행동을 바꾸게 될 것입니다.

나 전달법(I Message)은 부모와 직접 관련된 의사소통 방법입니다. 다른 사람을 비난하거나 판단하는 것이 아니라 부모 자신이 느끼는 감정과 경험을 표현하는 것입니다. 나 전달법(I Message)은 부모 자신을 잘 이해하게 하고, 자녀에게 부모의 느낌과 감정을 자연스럽게 알릴 수 있으며 자신의 마음을 개방하도록 용기를 줍니다.

예를 들면, "너는 어른에게 말버릇이 그게 뭐니?" 대신에 "어른에게 그런 말을 쓰니 마음이 불편하네."처럼 다른 사람을 비하하지 않고 싫은 감정을 전달할 수 있습니다. 또는 "너는 인사를 잘하는구나!" 대신에 "네가 그렇게 인사를 잘하니 뿌듯하구나."처럼 다른 사람을 평가하지 않고 긍정적으로 지지할 수 있습니다. 너 전달법(You Message)을 사용하게 되면 자신을 비난한다고 생각하여 방어적으로 되고 자발적인 변화를 기대하기 어렵습니다.

예를 들면, 형과 동생이 싸울 때 부모는 너 전달법(You Message)을 사용하여 즉각 싸움을 멈추게 할 수 있습니다. "너는 또 동생과 싸우니? 당장 멈추지 못해?"라며 호되게 혼난 아이들은 금방은 싸움을 멈춥니다. 하지만,

보이지 않는 곳에서 싸움을 계속하는 등 부모의 기대와 다른 결과를 낳게 됩니다. 이때는 나 전달법(I Message)을 사용하여 "너희끼리 싸우는 것을 보면 엄마는 너무 속상하고 힘들어."라고 부모의 감정을 전달하면 아이는 자신들의 싸움이 부모에게 어떤 영향을 주는지 상기하게 됩니다.

나 전달법(I Message)을 사용하기 위해서는 세 가지의 정보가 필요합니다.

1. 문제를 유발하는 자녀의 행동은 무엇인가?
2. 그 행동은 당신에게 어떤 영향을 끼치고 있는가?
3. 당신은 그 결과에 대해 어떤 느낌이 있는가?

이 세 가지 요소를 가지고 있는 메시지를 '나-전달법의 세 요소'라고 합니다. 자녀의 행동을 버릇없는 행동으로 보지 않고 욕구를 충족하려는 행동으로 보는 능력을 넓혀 나가는 것입니다. 아이를 직접 훈계하거나 꾸중하기보다 부모의 감정이나 느낌을 이야기하는 것이 행동의 수정을 효과적으로 가져올 수 있습니다. 나 전달법과 너 전달법의 차이는 다음과 같습니다.

나-전달법
"네가 게임을 하는 것을 보면 엄마는 걱정이 돼."

너- 전달법
"너는 왜 만날 게임만 하니?"

나-전달법

"엄마가 말할 때 네가 엄마를 바라보지 않고, 다른 데 쳐다보거나 대답하지 않으면 엄마는 기분이 영 상한단다."

너-전달법

"왜 그래? 너는 부모랑 얘기도 하고 싶지 않다는 거니?"

즉, 자녀의 행동이 불만족스럽고 부모의 마음이 불편할 때, 자녀가 끼치는 행동과 영향에 대한 부모의 감정과 느낌을 자녀에게 알릴 수 있다면 자녀는 자신의 행동을 고치려고 할 것입니다. **나-전달법**에는 세 가지 구성요소를 참고하면 좋습니다.

1. 수용할 수 없는 행동에 대한 비난이나 비평 없는 서술
2. 그 행동이 당신에게 미치는 구체적인 영향
3. 상대방의 행동이나 또는 구체적인 영향에 대한 당신의 감정이나 느낌

예를 들어보겠습니다.

"아빠가 신문을 보고 있는데 네가 큰소리로 장난을 치면(행동), 나는 정말 화가 나(감정). 신문 읽는 데 집중할 수가 없거든(구체적인 영향)."

"네가 길을 걸을 때 뛰어가면(행동) 나는 정말 걱정이 돼(감정). 왜냐하면, 뛰어가다가 넘어져 다치게 되면 엄마가 보살펴주어야 하기 때문이야(구체적인 영향)."

"네가 이렇게 차 안에서 울고 보채면(행동) 아빠는 운전하는데 집중이 안 되고(구체적인 영향) 마음이 조마조마해(감정). 꼭 사고가 날 것만 같아(구체적인 영향)."

부모가 불편한 감정을 소유한다면 나 전달법(I Message)을 사용하는 것이 습관이 되었으면 합니다. 위에서 보았듯이 '느낌의 빙산 이론'에서 2차 감정(분노, 화)보다는 1차 감정(걱정돼. 당황스러워. 두려워. 초조해 등)으로 표현하는 것이 좋습니다. 한 예를 든다면 "네가 거짓말하면 엄마는 화가 나."라고 하기보다 "네가 거짓말하면 습관이 될까 봐 너무 걱정되고 속상해."라고 하는 것이 바람직합니다.

감정이라는 선물을 담는 부모의 말그릇

은수는 이제 다섯 살입니다. 그날 동네 치과를 가느라 엄마는 아이와 함께 집을 나섰어요. 손을 꼬옥 잡고 걸어가다 심심했던지 무슨 말인지 모르는 노래를 응얼댑니다. 그러다 엄마 손을 놓고 몇 발 앞서가네요. 치과에 가려면 시립도서관을 지나야 하는데 친구를 만나면 "안녕!" 하고 아는 체도 하고, 강아지를 보면 뽀얀 털도 한 번 쓰다듬고 갑니다. 요기조기 구경하다가 그만 돌부리에 걸려 '툭' 하고 넘어지고 말았답니다.

"엄마 때문이야! 으앙!"

아이는 넘어진 채로 일어나지도 않고 놀라서 달려오는 엄마의 얼굴을 쳐다보며 말합니다. 언제부터인가 은수는 어떤 난감한 상황만 닥치면 "엄마 때문에 넘어졌어."라거나 "엄마 때문에 국 흘렸어."라고 엄마 탓을 합니다. 그때마다 예민하고 까탈스러운 아이의 말에 엄마의 마음도 미묘한 감정이 흐르곤 합니다. 엄마도 은수도 감정을 잘 다룰지 몰라서 둘 사이에 감정의 골이 깊어집니다.

"뭐 또 엄마 탓이야? 네가 조심하지 않고 넘어지고 어디서 울어. 뚝 그치지 못해?"

은수 엄마는 넘어져서 속상한 딸의 감정은 아랑곳없이 아이 무릎만 살폈어요. "괜찮네. 다행히 피는 많이 안 난다. 좀 뛰어다니지 말고 조심해."라며 아이 딸을 꼭 잡고 가던 길을 갑니다. 아이의 속상한 감정을 읽어주지 않고 지나칩니다. 아마 비슷한 상황이 오면 아이는 또 엄마 탓을 하며 울거나 악을 쓰며 화를 낼 거예요. 그런 아이를 보며 엄마는 아이를 다그칠 테고 아이도 그런 엄마를 보며 짜증을 내는 일이 반복되지 않을까요?

어떤 상황이 일어날 때 '지금, 이 순간'의 감정이 무엇인지 정확하게 느끼고, 숨겨진 의미를 해석하여 올바르게 다루도록 하는 것이 중요합니다. 기쁘고 좋은 감정뿐만 아니라 슬픔, 속상함, 억울함, 수치심과 같은 부정적인 감정들도 존재하는 이유가 있으며 그 이유에 대해 걸맞게 대우해 주어야 합니다.

인간은 부정적인 감정은 피하고 싶은 욕구가 있기에 숨기거나 대항하려고 하는 경향이 있어요. "내가 지금 속상한 거야."라고 받아들이고, 누군가에게 "나 지금 속상해."라고 표현할 수 있어야 합니다. 부정적인 감정이 해

소되지 않은 채 마음속 어딘가에 웅크리고 있게 되면 상처로 남아 있게 됩니다.

즉 감정을 다루지 않고 도망가면, 의도하지 않은 말을 하게 되지요. "엄마 때문이야!"라고 자신의 감정과 다른 말을 뱉게 됩니다. 말과 마음이 일치하지 않아 무언가 시원하지 않고, 찝찝한 감정의 찌꺼기가 부모와 아이 관계를 선순환하지 못하는 일이 반복됩니다.

"넘어져서 속상하구나. 속상해서 어떡해. 괜찮아? 다치지는 않았어?"

라고 넘어진 아이의 감정을 읽어주고 위로한다면 그것으로 충분합니다. 아이는 부모 위로의 말에 자신의 감정은 '속상함'을 알게 되고, 그 감정을 읽어주니 마음속에는 앙금이 없이 개운하게 됩니다. 따라서, 자신의 마음을 읽을 줄 아는 아이로 자라게 됩니다.

김윤나의 『말 그릇』에 보면 감정은 '찰나'지만 몇 개의 단계를 거쳐 나타나고 사라진다고 합니다. 감정에 끌려다니지 않고 주인 노릇을 하기 위해 하나의 프로세스로 이해할 필요가 있다고 해요. 감정은 다음 다섯 개의 단계 **(출현-자각-보유-표현-완결)**를 거쳐 사라진다고 역설하는데 요약하고자 합니다.

1단계 출현 : 나는 어떻게 감정을 느끼는가?

출현이란, 감정이 우리에게 보내는 신호인데 손이 떨리거나 심장이 두근

거리는 등 몸의 반응을 말합니다. 얼굴이 화끈거리는 등 몸이 주는 미세한 신호를 듣기 위해 자극을 의식하는 것이 중요합니다.

2단계 자각 : 지금 떠오르는 감정의 이름은 무엇인가?

신체 반응이 출현하면 그다음 단계로 지금 내가 느끼는 진짜 감정을 찾아야 해요. 그러나 감정은 한 가지로 드러내는 것이 아니라 여러 감정이 뒤섞여 있는 경우가 많습니다. '시원섭섭하다.'라는 말처럼 시원하기도 하고 섭섭하기도 합니다. 기쁘기도 하고 불안하기도 하는 등 진짜 감정을 찾아내기가 쉽지 않습니다.

특히, 아이들은 자신의 감정이 무엇인지 말로 표현하기 어려울 수 있습니다. 이때는 부모가 감정에 관심을 가지고 이름표를 달아주는 연습이 필요합니다. 『감정에 이름을 붙여 봐』라는 책에 보면 '타히티'라는 나라에는 '슬픔'이라는 단어가 없어서 사람들이 이 감정을 잘 표현하지 못한다고 해요. 그래서 슬픔으로 힘들어하는 사람이 많다고 합니다. 이 말은 자신의 마음을 말로 적절하게 표현하기만 해도 감정을 건강하게 해소할 수 있다는 뜻입니다.

얼마 전 2학년 담임을 했던 때입니다. 한 아이가 갑자기 울음을 터뜨렸어요. "선생님! 애가 내 그림에 낙서했어요." 저는 순간 아이의 감정이 무엇일까 생각하다가 '속상함'이란 단어가 떠올랐어요. "응. 친구가 그림에 낙서해서 속상해요?"라고 묻자 아이는 울음을 그치고 고개를 끄덕입니다.

"그럼 친구에게 말하자. 네가 내 그림에 낙서하니까 내 마음이 속상해. 다음부터는 내 그림에 낙서를 안 하면 좋겠어."

라고요. 그래서 상황이 종료되었어요. 아이는 자신의 감정을 인정받았다고 느끼고 위로를 받았다는 생각에 얼른 울음을 그치게 되었답니다.

3단계 보유: 어떻게 감정을 보관하고 조절하는가?

다음은 감정을 보유하는 단계입니다. 자신의 감정을 알아차렸다면, 그 감정을 어떻게 내면에 보유하고 조절하는가가 관건입니다. 자존감이 높은 사람은 부정적인 감정을 적절히 다루거나 극복할 줄 압니다. 반면 자존감이 낮은 사람은 부정적인 상황이나 불확실성에 마주했을 때 흥분하거나 불안을 감추지 못하고 쉽게 드러내게 됩니다.

아이를 키울 때 부모는 감정을 조절하기가 어렵습니다. 감정이 빨간불로 위험 수위가 올라갔다면 아주 잠시, 심호흡을 깊이 하면서 온도를 낮추는 것이 필요합니다. 감정에 휘둘리지 않아야 아이에게 적절한 말을 할 수 있습니다.

4단계 표현 : 감정을 어떻게 말로 표현할 수 있을까?

부모의 감정을 어떻게 언어적, 비언어적으로 표현할 수 있을까요. 내면의 감정을 아이에게 어떻게 표현하는지는 매우 중요합니다. 아이가 "엄마는 그것도 몰라?"라고 했을 때 무시당한다는 감정을 어떻게 표현할까요? 자존감이 낮은 엄마는 화를 벌컥 내면서 "너 나 무시하는 거야?"라며 소리 지르며 눈을 흘길 것입니다. 자존감 있는 엄마는 "엄마도 모르는 것이 있을 수 있지. 엄마라고 모든 것을 다 알 수 있는 것은 아니야."라고 감정의 동요 없이 차분하게 말할 것입니다.

그런데 감정을 표현할 때 상대방을 이해하고 배려하지 않으면 상처를 남기게 됩니다. 부모가 자녀에게 상처를 남기지 않으려면 어떻게 감정을 표현해야 할지 깨달아야 합니다.

'출현-지각-보유-표현'의 과정들을 거치고 난 감정은 역할을 다하고 사라집니다. 이것을 완결되었다고 합니다. 건강한 과정을 거치면 부모나 자녀에게 상처의 앙금이 없이 깔끔하게 정리됩니다. 혹여나 자녀에게 수시로 욱하는 감정을 드러내지는 않는지 돌아보았으면 합니다. 말과 감정이 조화로운 부모가 되기를 바랍니다.

아이가 느끼는 모든 감정은 선물입니다. 감정이 없다면 얼마나 삭막한가요? 어떤 마음인지도 모르고, 답답한 모래사막을 걷는 느낌일 거예요. 아이의 슬픔, 억울함, 안타까움, 속상함, 미움 등의 부정적인 감정. 그뿐인가요? 아이의 기쁨, 즐거움, 기대감, 행복감 등 긍정적인 감정도 스펙트럼처럼 다양합니다.

그동안 아이의 감정에 너무 무심하지 않았나요? 느려터지고, 막무가내고, 신경질과 짜증을 내는 아이의 행동에 가려 진짜 내 아이의 감정을 들여다보지 못했나요? 그래서 아이는 외롭고 슬펐는지 모릅니다. 아이의 찢어진 마음을 매만져주지 않으면 오랜 통증으로 아이의 병이 깊어집니다. 그러다 아픔은 결국, 삐뚤어진 방식으로 부모의 아킬레스건을 후비게 됩니다. "엄마가 나에게 해 준 것이 뭐가 있어.", "내 방에서 나가."라며 대화를 거부하는 청소년이 되기를 원하지 않는다면, 오늘 잠시 아이 마음을 헤아려 보아요. 단 5분이라도.

제3의 방법을 이용한 문제 해결

"어떻게 하면 부모 역할을 잘 해낼 수 있을까요?"

이런 고민을 하는 사람이 많습니다. 아이를 키우는 부모라면 한 번쯤 고민했을 질문입니다. 부모 역할이 살면서 가장 중요하고 어려운 과제인 것 같습니다. 부모와 아이가 따뜻하고 다정한 관계를 유지하며 지내기를 원하지만 마음대로 되지 않습니다.

바람에 일렁이는 파도처럼 매일 다른 상황에서 자칫 교육은 사라지고, 가치관 갈등으로 힘들어하는 것을 볼 수 있습니다. 부모와 자녀 세대가 서로 다른 가치관으로 인한 갈등은 당연한 것이 아닐지요. 자신의 욕구를 건강하게 충족하며 아이가 성장하는 것을 돕는 것이 가장 훌륭한 부모 역할이라고 생각합니다.

부모 역할을 잘해 내기 위해서 또는 부모 교육 전문가가 되기 위해서 '효과적인 부모 역할 훈련(P.E.T)'을 받기도 합니다. P.E.T에서 보면, 부모가 권위적 방법으로 명령 지시 훈계하는 것을 제1의 방법이라고 합니다. 부모 마음대로 아이를 끌고 가는 것을 말하며 승자는 부모입니다. 이런 권위적인 부모 밑에서 자라는 아이는 자존감과 자기 표현력이 부족합니다. 아이가 어릴 때는 부모 말을 따르지만 자라면서 반항을 하기도 합니다.

제2의 방법은 아이를 무조건 허용하고 아이가 주도권을 쥔 것을 말합니다. "오냐 오냐." 하고 키우기 때문에 자칫 버릇이 없고 자기가 최고인 줄 착각하기도 합니다. 사회생활을 할 때 힘든 상황을 견디기 어려울 수도 있습니다.

제3의 방법은 부모와 아이의 관계를 동등하게 보고 민주적 방법으로 문제를 풀어가는 것을 말합니다. 부모나 아이 사이에 놓여 있는 가치 갈등이나 욕구를 원만하게 해결하는 방법이라고 할 수 있습니다. 부모 자녀를 수평 관계로 보고 민주적으로 문제를 해결해 나가는 방법이라서 윈윈(win-win) 관계를 유지하게 됩니다.

요즘 자녀의 핸드폰 사용에 대해 부모와 갈등하는 경우가 많습니다. 다음의 대화를 한번 살펴보아요.

"엄마! 엄마는 내가 핸드폰을 많이 해서 걱정이 된다고 하는데 다른 아이들도 다 하는데 왜 그래?"

"집에 오면 핸드폰만 만지작거리는데 그게 많이 하는 거지. 그럴 시간 있으면 영어 공부를 더 하든가 책을 좀 읽지 않고 매일 핸드폰에 매달려 살잖아!"

"엄마하고는 말이 안 통해. 학교에서 공부하느라 핸드폰 볼 시간도 없는데 집에서라도 해야지. 난 언제 스트레스 풀어?"

이렇듯 가치관 대립이 생겼을 때 원만한 해결점을 어떻게 찾을 수 있을까요? 핸드폰을 만지작거리는 것은 시간 낭비라는 부모의 가치관과 핸드폰을 보는 것은 스트레스를 해소하는 것이라는 자녀의 가치관이 대립 상황입니다. 이때 힘이 있는 편에서 무조건 자신의 가치관을 강제하는 것은 상황을 악화시키게 됩니다. 양쪽에서 고무줄을 팽팽하게 잡아당기다가 '툭' 끊어버리게 되는 것처럼 타협의 여지가 없게 되지요.

나의 욕구가 소중하다면 다른 사람의 욕구도 소중합니다. 아무리 내 아이라도 부모의 욕구를 자녀에게 강제할 수 없습니다. 자녀의 욕구를 존중하며 부모의 욕구도 충족할 방법을 찾는 것이 제3의 방법이라고 할 수 있습니다.

가치관이나 욕구 갈등으로 부모와 자녀 사이에 문제가 생겼을 때 가장 먼저 서로 원하는 것을 말하거나 글로 적어 보는 활동을 하는 것도 문제 해결 방법의 하나입니다. 문제에 대해 어떤 비난이나 판단을 전하는 것이 아닌 상대방의 감정이나 느낌을 존중해야 합니다. 반영적 경청이나 나 전달법을 충분히 사용하여 서로에 대한 처지를 이해하는 시간도 가지는 것이 좋습니다. 이때 제3의 방법으로 해결하는 과정을 한번 생각해 보아요. 먼저 아이의 핸드폰 보는 시간에 대한 부모의 바람과 아이의 바람을 각자 적어봅니다.

엄마 집에 오면 핸드폰은 조금만 하면 좋겠다.
아이 집에 와서 핸드폰을 엄마의 잔소리 듣지 않고 마음껏 했으면 좋겠다.

서로의 바람을 이해한 후 어떻게 했으면 좋을지 문제 해결을 위해 노력하기로 합니다. 이때 브레인스토밍 기법을 사용하면 아주 효과적입니다. 가능한 해결책을 각자 브레인스토밍으로 모두 적어봅니다. 이때 자녀의 해결책에 대한 평가나 비판은 피해야 합니다.

엄마의 해결책 브레인스토밍
수학문제집 두 장 반 풀기
숙제부터 하고 핸드폰 보기
10시 이후에는 핸드폰 안 하기
밥 먹는 시간에는 핸드폰 안 하기
하루 20분 책 읽기

수학 시험은 80점 유지하기

아이의 해결책 브레인스토밍

수학 문제 매일 한 장 풀기

숙제는 저녁 먹고 하기

하루 두 시간 핸드폰 하기

책은 하루 10분 읽기

주말에는 핸드폰 하는 시간제한 없기

브레인스토밍으로 가능한 해결책을 많이 적어보아요. 다 적은 다음 마음에 들지 않으면 얼마든지 버릴 수 있으니까요. 가장 좋은 해결책을 찾아가는 과정임을 잊지 말아야 합니다. 그다음에 위의 가능한 해결책들에 대해 정직한 평가가 필요합니다. 위 브레인스토밍 해결책이 실천 가능한지, 이행하기에 너무 힘들지 않은지, 모두에게 공평한지 평가합니다. 그 후 부모나 자녀가 서로 수용할 수 있는 해결책을 결정합니다. 이때 자녀에게 해결 방안을 강요하거나 설득하려고 하지 말아야 합니다. 예를 들어 다음과 같이 결정한다고 합시다.

수학 문제 매일 두 장 반 풀고 핸드폰 하기

숙제 먼저하고 핸드폰 하기

책은 주말에 한 시간 읽기

주말에는 핸드폰 하는 시간제한 없기

해결책을 결정했다면 실행에 옮겨야 합니다. 이때 자녀가 그 결정을 성실하게 수행할 거라는 부모의 믿음이 중요합니다. 잘 이행하지 못하면 나 전달법을 사용하여 직면하거나 잘 실행할 수 있도록 격려하는 것을 잊지 말아야 합니다. 제3의 문제 해결 방법이 최선은 아닙니다. 더 좋은 해결책으로 수정될 수 있고, 결정된 해결책의 잘못된 점도 발견할 수 있습니다. 문제 해결 결과에 대한 부모와 자녀의 감정을 한 번 헤아려 보는 것도 필요합니다.

이만하면 괜찮아요, 육아 효능감

'육아 효능감'이란 아이를 키우는 부모를 단단하게 해 주는 단어입니다. '부모도 처음이라서'라는 말처럼 아이를 키우는 일이 낯설고 힘들어 마음처럼 육아가 되지 않지요. 이럴 때 이렇게 해 주어야 하고, 저럴 때 저렇게 해 주어야 한다는 요술 방망이가 있었으면 좋겠다는 생각도 종종 합니다. 하지만 아이마다 성향과 기질이 다르고, 육아에 처한 상황이 다른 데 요술 방망이 같은 육아백과사전은 존재하지 않습니다.

부모에게 정작 필요한 것은 요술 방망이가 필요한 것이 아니라 육아 효능감이지요. 육아 효능감이란 '나도 이만하면 괜찮은 부모야.'라는 마음이라고 할 수 있습니다. 그런데 이런 마음을 갖기가 쉽지 않습니다. 금방이라도 넘어질 난파선처럼 '왜 나는 이렇게밖에 안 될까?'라는 마음이 시시때때로 엄습해 오지요. 이런 초대하지 않은 손님이 올 때 어떻게 대처해야 할지 부모도 전략이 필요합니다.

육아 효능감이 중요한 이유는 육아 효능감이 높으냐 낮으냐에 따라, 같은 상황에서 다른 말이 나오기 때문입니다. 육아 효능감을 높이기 위한 몇 가지 실제적인 방법을 소개하고자 합니다.

첫째, 너무 완벽한 부모가 되려고 하지 말자.

부모를 힘들게 하는 것은 자신이 완벽한 부모가 되려고 안간힘을 쓰기 때문이지요. 좋은 음식, 좋은 옷, 좋은 교구나 장난감, 멋진 동화책 등 남보다 더 좋은 것을 주고 싶습니다. 우리 아이는 말을 빨리 배우고 글자를 익혀서 공부도 잘해야 합니다. 유명한 유치원, 학원 등의 정보를 잘 알아서 영재를 만들고 싶어 합니다. 게다가 살림은 물론, 자신의 외모나 이미지 관리도 해야 합니다. 워킹맘이라면 하루 24시간이 모자를 정도로 육아 시간은 부모를 지치게 합니다.

완벽한 부모가 되려고 할수록 아이가 잘 따라주지 않는 것 같아서 더 스트레스를 받게 됩니다. 다른 집 아이들과 비교를 하니 우리 아이가 뒤처지는 것 같은 마음이 듭니다. 내가 부족한 것이 아닌지 열등감이 시시때때로 고개를 듭니다.

육아 효능감을 높이려면 너무 완벽한 부모가 되려고 하지 마세요. 완벽한 부모가 이 세상에 존재할까요? 완벽한 부모를 추구하면 아이를 자꾸 닦달하게 되고, 오히려 부모와 아이 관계가 틀어지기 쉽습니다.

내가 할 수 있는 소소한 일을 감사하고 기뻐하는 것이 먼저입니다. 부모의 길을 걷는 자체가 위대한 일이고, 이미 완벽한 부모입니다. 아이는 "엄마!"라고 부르면 따뜻한 미소로 다가올 수 있는 부모의 존재만으로 행복합니다. 화를 내고 짜증을 부리는 부모도 아이에게는 소중한 존재입니다.

둘째, 작은 성공 경험을 늘려라.

도달하기 어려운 목표를 세우고 달려가려고 하면 성공을 경험할 기회가 줄어듭니다. 작은 목표를 세워 작은 성공을 더 많이 경험하면 육아 효능감이 높아집니다. "나는 오늘 절대로 화를 내지 말아야지."라고 정하기보다 "최대한 아이가 밥을 먹는 시간에는 화를 내지 말자."라는 목표가 성공할 확률이 높습니다. 또는 저녁 식사 후 잠자기 전까지는 절대로 화를 내지 말기, 하교 후 저녁 식사 전까지는 화를 내지 않기 등도 성공할 확률이 높아집니다.

화를 내지 않고 아이를 키우는 일은 쉽지 않습니다. 작은 목표를 세우고 성공을 경험하면서 육아 효능감을 높이는 것이 행복한 육아의 첫걸음입니다. 혹여 작은 목표가 실패로 끝나더라도 자책은 하지 말아요. 다시 새로운 도전을 하면 됩니다.

셋째, 감정을 조절하라.

결혼 전에는 그렇게 성격이 좋다고 소문이 났던 사람이 결혼 후 출산을 하고 나서 감정의 파노라마를 겪게 됩니다. 내면 깊숙이 숨겨져 있던 분노,

슬픔, 안타까움, 불안, 기쁨, 설렘, 기대, 놀라움 등의 감정이 파도처럼 밀려오고 밀려가기를 반복합니다. 신기하게 아이를 키우면서 감정의 폭이 너넓고 깊어집니다. 기쁠 때는 한없이 기쁘고, 화가 나거나 분노할 때는 내가 언제 이런 사람이었나 자책할 정도로 격한 모습을 보이기도 합니다.

'정서적 각성'이란 말이 있습니다. '내가 지금 분노하고 있구나.', 또는 '내가 지금 불안하구나.'라는 정서적 각성은 부모의 감정 조절을 하는 데 도움을 주기 때문에 육아 효능감을 높일 수 있습니다. 화가 날 때 아무런 정서적 각성 없이 별안간 화를 터뜨리면 '아이에게 또 화를 내고 말았구나!'라며 육아 효능감을 떨어뜨리게 됩니다. 박인경의 『부모 면허』를 보면 저자는 문제가 올 때 "잠깐! 지금 누가 힘들지?"라고 마음속으로 외친다고 합니다. 욱하고 화나는 감정이 올라올 때 "잠깐!" 하고 외치는 사이 정서적 각성이 됩니다. 갑자기 '화'를 터뜨리기에 앞서 '잠깐' 사이에 '화'의 온도를 낮추는 효과가 있는 것이지요.

코로나가 기승을 부리던 여름 넷플릭스로 〈인생은 아름다워〉라는 영화를 시청했어요. 아들을 사랑한 아버지의 이야기는 한 번씩 웃음이 빵 터지면서도 한편으로는 마음의 울림을 주는 영화이지요.

2차 세계 대전 당시 유대인 아버지 귀도가 아들 조수아와 함께 독일군에 의해 포로수용소로 끌려가게 됩니다. 죽을 만큼 고통스러운 노역과 힘든 일을 겪으면서도 아들에게 "수용소 생활이 단체 게임이고 이 게임에서 이기는 사람에게 선물로 탱크를 준다."라고 말하며 아들을 안심시킵니다.

그렇게 몸과 마음이 지쳐갈 즈음, 귀도는 아들과 함께 탈출을 시도합니다. 그는 숨바꼭질이라며 아들 조수아를 어딘가 숨겨 놓고 아내를 찾으러 갑니다. 여장을 한 채 여자 수용소에서 아내 도라를 찾다 들키게 됩니다. 귀도가 자신을 보고 있을 아들 생각에 끝까지 우스꽝스럽고 유쾌한 모습으로 끌려가는 장면은 눈물겹도록 마음이 짠하고 여운이 남습니다. 결국, 그는 죽임을 당하게 되지요. 전쟁이 끝난 후 조수아 앞에 나타난 탱크는 게임이 아니라는 사실을 말해줍니다. 다행히 어머니를 다시 만난 조수아는 아버지 없이 앞으로 살아가겠지만, 더없이 행복할 것 같습니다.

영화를 볼 때보다 끝난 후 더 여운이 오래 남는 영화 〈인생은 아름다워〉를 통해 가족애를 새로 생각해 봅니다. 어렵고 고통스러운 문제 앞에서 자신의 감정을 어떻게 절제하며 승화시켜 가는지를 본 영화입니다. 아버지 귀도는 시종일관 아들 조수아가 낙심하지 않도록 분노를 터뜨리기보다 유쾌함으로 견딥니다.

이 영화는 2차 세계 대전 당시의 극도 긴장 상태에서의 가족 사랑 이야기입니다. 평범한 일상에서의 모습이 아니지만, 그래서 더 여운이 남는 것 같습니다. 극한 상황에서도 아들이 상처받지 않도록 최선을 다하는 모습을 보며 부모의 마음은 예나 지금이나 똑같다는 생각이 듭니다.

그렇습니다. "이만하면 괜찮아."라고 자신을 다독이고, 작은 성공을 체험하며 감정을 조절할 줄 아는 부모는 육아 효능감이 높은 부모입니다. 단번에 육아 효능감이 높아지지는 않겠지만, "나도 이만하면 괜찮아."라는 마음에서 시작하면 되지 않을까요?

통제 대신 좋은 선택하도록 돕기

갓 태어난 아기의 옹알이 하나에도 감탄사가 절로 납니다. 잠을 설치며 아이에게 젖을 물리고 기저귀를 갈아주는 것도 즐겁습니다. 몸은 다소 힘들고 고단해도 아이의 모든 것이 신기하고, 부모가 되었다는 자체가 감사합니다.

점차 걸음마를 하고 걷기 시작합니다. 말문이 트이면서 키우는 재미가 더욱 쏠쏠하지요. 자율성이 발달하는 시기가 되면 아이는 부모의 통제를 조금씩 벗어나려고 합니다. 이때부터 '품 안에 자식'이라는 말이 실감이 납니다. 그래서 '미운 네 살'이라는 용어도 생겼지요.

'부모 말을 잘 들으면 자다가도 떡이 생긴다.'라는 말도 있지요. 부모가 알아서 해 주는데 자기 뜻대로 고집을 피우는 아이를 보면 속상합니다. 말을 잘 듣지 않는 아이가 밉고, 이때부터 부모는 아이에게 화를 잘 내게 됩니다. 주말 특집처럼 여기저기서 화가 툭툭 터지기 시작하지요. 화를 낼 정도가 아니라 이른바 성질을 부리고 밀치고 욕까지 합니다. 그런 날에는 자책감의 소용돌이에서 헤어 나오기가 정말 어렵게 됩니다.

윌리엄 글래서의 '현실치료' 요법은 부모와 아이 사이는 물론 인간관계에 도움이 됩니다. 사회에서만 인간관계가 있는 것이 아니고, 부모 사이나 형제 사이 또는 부부 사이 등 가족 안에 인간관계가 존재합니다. 아이는 이 세상에 태어나 가장 먼저 가정에서 인간관계를 맺게 됩니다. 행복하고 원만해야 할 부모 자녀 관계가 조금씩 틀어지는 이유는 부모가 자녀를 통제하려고 하기 때문 아닐까요?

현실치료는 1960년대 초, 정신과 전문의 윌리엄 글래서가 창시한 이론으로 현실요법이라고도 합니다. 자신의 행동을 통제하고, 자신이 선택한 일에 대한 책임을 져야 한다는 이론입니다. 부모와 아이의 욕구와 가치관이 대립할 상황이 있습니다. 이때 아이가 좋은 선택을 하도록 돕고 그 선택에 대한 책임을 지도록 해야 한다고 말합니다. 아이의 행동을 무조건 통제하려고 하면 반발심이 일어나고, 오히려 역효과가 일어날 수 있습니다.

사람은 누구나 자신의 삶에 책임을 지고 통제할 수 있을 때 기쁨을 느낍니다. 아무리 부모라고 해도 아이는 누군가에게 지배당한다고 생각할 때 마음이 불편합니다. 더구나 자신의 욕구와 대립하는 통제를 받으면 오히려 반발심을 키우게 되어 부모 자녀 관계가 많이 힘들어집니다.

동료 교사 중에 늦게 일어나는 아들을 깨우는 일로 아침마다 소동이 일어나는 것을 호소하는 분이 계셨습니다. 아빠는 아침 식사 준비하는 아내 대신 중학생 아들을 깨우다 매일 전쟁이 일어난다고 합니다. "빨리 일어나! 이러다 학교 늦겠다.", "빨리 일어나지 못해?", "이놈아! 언제까지 매일 이렇게 깨워야 일어나니?" 아빠의 목소리는 점점 커지고 독기가 오르기 시작합니다. 급기야 아이 등을 때리고 아이는 아프다고 소리를 지르면서 난리가 나는 통에 매일 아침 스트레스가 이만저만이 아니라고 합니다. 아이는 1분이라도 더 자고 싶은 욕구가 강하고 아빠는 일찍 일어나서 학교 갈 준비를 해야 한다는 가치관의 충돌로 서로가 괴롭습니다.

현실치료는 자신의 행동을 통제하고 스스로 책임을 지도록 한다는 의미에서 아주 유용하다고 할 수 있습니다. 이렇게 늦게 일어나는 아이에게 현실치료 요법을 적용하여 아이 행동을 부모가 통제하지 않고 행동을 변화시켰으면 좋겠습니다.

아이도 일어날 시간이 되면 '이제 일어나서 학교 갈 준비를 해야지.'라는 생각이 들지만, 더 자고 싶은 욕구 때문에 잠자리에서 꾸물거리게 되는 것입니다.

이때는 "빨리 일어나!"라는 말 대신 "지금 6시 반이야. 지금 일어나면 아침을 먹고 학교 갈 수 있고, 그렇지 않으면 밥을 먹을 수 없으니 서둘러야 할 것 같다."라고 말해줍니다. 7시까지 일어나지 않아서 출근하는 아빠 차를 타기에 빠듯하다면, "지금 일어나지 않으면 7시 반에 아빠 차를 타고 등교하기가 어려울 것 같아. 7시 반을 넘기면 아빠가 회사에 늦기 때문에 그냥 갈 거야. 그럼 네가 버스 타고 등교하렴."이라고 말해주면 됩니다.

"빨리 일어나!"라고 통제하지 않고, 아이가 할 행동을 스스로 선택하게 하는 것입니다. 또한, 선택한 것에 관한 결과는 자신이 책임을 지도록 하는 것이지요. 6시 반에 일어나면 아침밥을 먹을 수 있다는 것, 7시에 일어나면 아빠 차를 타고 등교할 수 있다는 것, 7시 반까지 준비를 하지 못하면 아빠 차 대신 버스를 타고 가야 한다는 것, 이 모든 것은 자신이 선택한 행동에 대해 스스로 책임을 지는 것입니다.

어려서부터 자신이 한 행동에 대한 책임을 지도록 가르쳐야 합니다. 7시 반까지 준비하지 못하고도 아빠 차를 타고 가려고 고집을 피운다면 분명히 알려주어야 합니다. 아빠는 회사를 지각할 수 없으니 아들을 기다려줄 수 없다는 사실을요. 늦잠을 선택했다면 버스를 타고 가야 하는 불편한 일은 자신이 감수해야 합니다.

선택과 책임 사이를 분명히 하는 것이 좋습니다. 아이들은 선택하는 것을 두려워하기도 합니다. 잘못된 선택을 했을 때 그 결과에 대한 두려움 때문입니다. 부모는 아이의 그런 잘못된 선택까지도 자신이 짊어지고 가야 한다는 것을 가르쳐야 합니다.

　막내아들이 대학 입학시험에 떨어졌습니다. 세 군데 대학에 입학 원서를 내놓고 노심초사하며 결과를 기다렸지만, 아쉽게도 모두 떨어지고 말았습니다. 그동안 공부한 것도 헛되이 대학에 들어갈 수 없다는 생각에 얼마나 허무하고 속상하였을까요? 하지만 현실은 재수하느냐, 근처 전문대라고 가야 하느냐 하는 갈림길에 서야 했지요. 다시 재수하려 하니 그 혹독한 입시 공부가 너무 부담되고, 전문대를 가려고 하는 마음도 썩 내키지 않은 것 같았어요. 짧은 고민 끝에 아들은 밥상머리에서 이야기를 꺼냅니다.

"엄마! 나 재수하는 것이 좋겠어요? 근처 전문대를 가는 것이 좋겠어요?"

　진즉부터 당연히 1년 재수해서 가고 싶은 대학에 당당히 입학했으면 하는 부모의 욕심이 있었던 차였습니다. 하지만, 공부하는 것이 얼마나 힘든 줄을 알기에 선뜻 말할 수 없었지요. 아이의 말을 듣고 보니 두 생각 사이에서 얼마나 고민이 많을까 너무 안쓰러웠습니다.
　일생의 중요한 선택이 될 수 있는 갈림길에서 답답함, 두려움 등의 갈등으로 선뜻 마음을 정하기가 어려웠을 것입니다. 그렇다고 자신의 인생을 그 누구도 대신할 수 없기에 어떤 선택이든 결정해야 합니다. 자신의 인생이기에 스스로 선택하며 나아가도록 해야 합니다. 나의 배를 다른 사람이

노를 젓게 할 수는 없지요.

"아들아! 재수할지, 전문대를 갈지는 네가 정해야 하지 않겠니? 너의 인생이고, 네가 감당해야 할 몫이잖아."

아들은 결국 재수를 하기로 결정하고, 힘든 1년을 보내야 했습니다. 우리나라의 입학 시스템은 자꾸 바뀌고 있지만, 아직 입시 위주, 성적 위주의 틀을 벗어나지 못하고 있습니다. 대학에 꼭 들어가지 않더라고 자신이 꼭 하고 싶은 것이 있다면, 일찍 자리를 잡는 것도 나쁘지 않습니다. 재능이나 특기를 잘 살려 상위 1%의 탑 달란트를 가지기 위해서 꼭 대학 공부가 필요하지 않은 예도 있습니다. 초등부터 고등학교까지 학교공부시스템으로 가고 있는 우리나라에서는 아직 먼 길처럼 느껴집니다. 아들도 힘들게 재수 학원에서 공부했지만, 자신이 선택한 결정이기 때문에 무사히 공부를 마칠 수가 있었습니다. 만약 부모의 강요로 할 수 없이 재수했다면, 부모를 원망하며 공부를 하지 않았을지요.

인생은 매일 선택의 연속입니다. 저만 보더라도 오늘 가야 할 곳을 오전에 갈까 오후에 갈까 선택해야 합니다. 아침은 된장국을 끓일까 매운탕을 끓일까 생각하다 매운탕으로 결정하고 냉장고에서 꽃게, 전복, 냉동 새우를 꺼내 야채를 넣어 끓이고 있습니다. 오늘 머리를 감을까 내일 감을까,

친구에게 전화할까 말까 이런 사소한 결정도 많습니다. 이 사람하고 결혼을 해야 하나 공무원으로 진로를 정해야 하나 등 수많은 선택의 기로에 서 있습니다. 결정장애 증후군이란 말도 있듯이 양말을 빨간색 살까 파란색 살까 결정하는 것이 괴로운 사람도 있습니다. 그렇죠. 양말 색깔을 정하는 것은 중요한 일이 아니지만, 결혼이나 직장을 선택하는 것은 미래를 보며 신중해야 합니다.

미래와 관련되는 선택은 많은 고민이 필요하나, 옷이나 머리핀의 모양이나 색깔을 고르는 것은 필요하지만 중요한 일은 아닙니다. 『선택의 힘』에서 말했듯이 어디에 에너지를 더 써야 할지도 결국 선택입니다. 인생에 리스크가 없는 절대적인 선택은 어차피 없습니다. 우리 자녀가 어려서부터 최선의 선택, 즉 좋은 선택을 하고 그 선택에 대한 책임을 질 수 있도록 돕는 부모가 되어야 합니다.

관계를 좋게 하는 효과적인 대화 기술

자녀 문제나 청소년 문제가 매우 다양해지고 있습니다. 스마트폰 중독, 게임 중독은 물론이고 청소년 도박 문제가 심각하다고 합니다. 코로나 사태 이후 가정에서 온라인 수업하는 시간이 늘면서 PC와 스마트폰에 노출되는 영향도 있을 것입니다.

중고 물품 판매 사이트에 물건을 팔기도 하고, 도박에 걸 돈을 마련하기 위해 부모님께 거짓말을 하기도 합니다. 이렇게 도박 중독에 빠져든 청소년 중에서 위험군의 수가 14만여 명**(2018년 기준)**에 이른다고 합니다. 처음에는 재미나 놀이로 시작한 일이 점차 도박 중독에 빠져 학업에 어려움은 물론 친구의 신뢰를 잃게 됩니다. 그런데 이들이 도박을 시작하는 계기가 친구나 선후배라고 합니다.

자녀가 친구나 선후배의 영향으로 쉽게 그릇된 길로 가지 않도록 부모와의 정서적 관계를 돈독히 해야 합니다. 일방적인 명령과 지시가 아닌 자녀의 말에 경청하고 감정을 읽어주어야 합니다. 이 대화법을 티칭형 부모의 대화법과 코칭형 부모의 대화법으로 나누어 생각해 보아요. 다음 글을 읽고 자신이 어떤 부모인지 생각해 보면 좋겠습니다.

티칭형 부모의 대화법

자녀의 말을 잘 듣지 않는다.
지시와 명령을 많이 한다.
행동을 통제한다.
부모의 생각이나 가치관을 강요하고, 아이의 감정을 이해하지 않는다.

코칭형 부모의 대화법

말하기보다 듣는 것이 중요하다.
자녀의 표정을 세심히 관찰한다.
자녀와 속도를 맞추는 것이 필요하다.
자녀와 의견이 달라도 받아들인다.

티칭형 부모는 화풀이를 많이 하고 코칭형 부모는 훈육을 잘해요. 훈육과 화풀이의 차이점은 임영주 작가의 『부모와 아이 중 한 사람은 어른이어야 한다』에서 잘 밝히고 있습니다. 훈육은 "다음엔 어떻게 할까?" 등으로 대안을 제시하고, 화풀이는 대안을 제시하지 않고 통제하거나 일방적으로 아이의 행위를 제어합니다. 따라서 훈육을 할 때는 대화가 따르고 화풀이를 할 때는 잔소리가 따라오게 되지요.

그럼 잔소리와 대화의 차이는 뭘까요? 이서윤 작가는 『이서윤의 초등생활 처방전 365』에 잔소리와 대화의 차이점을 설명하고 있습니다. 잔소리는 자녀를 비난하고 감정의 분풀이를 하며 끝내야 할 때 끝내지 못해요. 대화는 해결하려고 대안을 제시하고 수용과 공감을 합니다. 끝내야 할 때 끝내는 대화를 해요. 부모의 말부터 점검하는 것이 먼저입니다. 습관적으로 화풀이나 잔소리를 하는지, 일관성없이 닦달하는 것이 아닌지 말입니다.

부모와 아이의 관계를 좋게 하는 효과적인 대화의 기술 6가지가 있습니다.

첫째, 경청하는 자세

유대인 부모는 아이가 대화를 원할 때 즉시 하던 일을 멈추고 아이 눈을 바라봅니다. 그 무엇도 아이보다 중요한 일이 없다고 생각하기 때문이죠. "엄마 지금 바쁜 것 안 보여? 저리 가. 이따 밥 먹을 때 얘기해!"라고 하지 않습니다.

아이 말에 귀를 기울이고 편안하게 이야기할 수 있도록 분위기를 마련해 주어야 합니다. "그래?", "그렇구나!"라고 맞장구도 쳐주고, 고개를 끄덕이며 잘 듣고 있는 신호를 주면 금상첨화입니다. 이야기를 들을 시간이 마땅치 않다면 아이에게 양해를 구하고 따로 시간을 갖도록 합니다.

둘째, 나 메시지(I Message)

아이를 비난하거나 아이가 주어가 되는 말을 사용하면 감정이 상하고 관계가 멀어집니다. 부모의 마음이 불편할 때 나를 주어로 하는 화법이 효과적입니다. "엄마는 우리 지현이가 게임만 하고 있으니 걱정되고 속상하네."라고 나의 기분을 설명하면서 말하는 것입니다. 아이가 마음이 상처를 받지 않고 부모의 마음을 이해할 수 있어서 관계가 나빠지지 않고 문제를 해결하는 데 도움이 됩니다.

셋째, '왜'가 아닌 '어떻게?'라고 묻기

"너 도대체 왜 그러니?", "왜 선생님께 혼난 거야?"라는 말은 아이를 공격하고 따지는 듯한 느낌을 주어서 아이가 방어적으로 나옵니다. 이럴 때는 "어떻게 하다 이렇게 다친 거야?", "어떻게 하다가 선생님께 혼난 거야?"라고 묻는다면 아이는 거짓말하지 않고 좀 더 마음 편하게 말을 꺼낼 수 있습니다.

넷째, 공감하기

"엄마 말에 대꾸하지 마라.", "여섯 시까지만 놀라고 했어, 안 했어."라고 말하며 아이의 의견을 수용하지 않는다면 부모에게 말할 필요성을 느끼지 못합니다. 앞에서는 "네."라고 하면서 뒤돌아서면 자신이 원하는 대로 행동합니다.

대화에서 가장 중요한 것은 경청과 더불어 공감입니다. 집중하여 들으면서 사소한 말이라도 애정 어린 눈빛으로 바라보며 아이를 이해하려는 노력이 필요합니다. 부모님이 진심으로 자신을 인정하고 존중한다는 생각이 들면 아이는 자신이 소중한 존재임을 내면화합니다.

다섯째, 즉시 사과하기

"미안해. 고마워."는 사람의 마음을 풀어주는 마법의 말입니다. 부모라도 아이에게 잘못한 일이 있다면 아이에게 진심으로 사과하는 용기가 필요합니다. 사과한다고 권위가 무너지는 것이 아닙니다. 미안하고 고마운 것을 표현하는 것은 아이를 최고로 존중하는 대화입니다. "우리 딸이 수저를 놓아주어서 고마워. 부모가 훨씬 일이 수월해지네?"라고 표현하면 아이는 자신이 하는 작은 일이 부모에게 도움이 되고 부모가 고마워하는 사실이 느껴져서 더 열심히 하게 됩니다.

너무 화가 나서 아이에게 소리를 질렀을 때도 자는 아이를 쓰다듬으며 미안해할 것이 아니라 부모가 잘못했다고 느낄 때 바로 사과하는 것이 좋습니다. "수현아! 엄마가 소리 질러서 미안해. 놀랐지? 엄마도 다음부터 조심할게."라고 사과하면 자신이 부모를 화내게 했다는 사실이 힘들었던 아이의 마음이 놓이게 됩니다.

여섯째, 기다려주기

대화를 그르치는 주범은 부모가 아이를 기다려주지 않고 너무 급하다는 사실입니다. 아이는 부모가 명령하면 즉시 반응하는 로봇이 아닙니다. 부모와 아이와 갈등이 있을 때 즉시 해결하려고 하기보다 서로 생각할 시간을 갖는 것도 필요합니다. 대화의 타이밍을 고려하고, 아이 마음이 열릴 때까지 기다려주어야 합니다. 아이 말이 틀렸다는 생각이 들더라도 즉시 반박하거나 야단치기보다 이해하려는 자세가 먼저입니다.

위의 여섯 가지 대화법을 모두 완벽하게 할 수는 없지요. 아이를 존중하는 마음을 갖고 위의 여섯 가지 화법 중 한 가지씩 아이에게 적용하다 보면 틀림없이 아이와 관계가 좋아집니다.

의사소통에도 기술이 필요해

의사소통 기술에는 언어적인 것과 비언어적인 것이 있습니다. 언어적인 것은 말로 전달하는 것이고, 비언어적인 것은 표정이나 몸짓 등으로 감정을 전달하는 것을 말합니다. 말로만 전달하기보다 표정이나 몸짓 등으로 감정을 표현할 때 더 전달력이 강하다고 할 수 있습니다.

부모 자녀 사이의 의사소통에 주의할 점이 있습니다. 직장 동료나 친구 사이 등 평등한 관계와 달리 부모 사이에는 눈에 보이지 않는 위계질서에 따른 권력이 존재하고 있습니다.

그런데 부모와 자녀 사이는 어른과 아이라는 의미에서 권력이 부모가 가진 경우가 많습니다. 부모가 권력을 가진 경우에 더 많이 이야기하고, 가르쳐 주고 해야 할 말이 너무 많아서 듣는 것을 소홀히 하게 됩니다. 잘 듣지 않으면, 아이의 마음과 생각에 공감하기 어려워집니다. 이러한 것을 고려할 때 고려해야 할 부분이 있습니다.

아이는 일반적으로 다음 세 가지 특징을 가지고 있습니다. 언어를 이해하는 데 한계가 있고 집중력이 짧지만, 감정적인 부분은 잘 발달하여 있습니다. 아이의 이런 부분을 이해하고 의사소통을 해야 합니다.

첫째, 아이는 단순한 언어만 이해할 수 있기에 짧고 명확하게 전달하는 것이 좋습니다. 너무 어려운 단어는 설득력이 부족하고 그렇다고 너무 지나치게 쉬운 단어만 사용하면 '나를 아기 취급하나?'라고 거부감을 가질 수 있습니다. 아이 나이나 언어 수준을 고려하여 의사소통해야 합니다.

초등학교 1학년 아이가 빨간불 신호등에 길을 건너가려고 합니다. 이때 "빨간불 신호등에 길을 건너면 위험해! 기다렸다가 초록 신호등에 건너야 안전해."라고 정보를 정확하게 전달해 주고 빨간불 신호등에 건너가면 위험하다는 것을 인지하도록 상기시켜야 합니다. 이 정도만 해도 아이들은 부모의 의도를 충분히 알아들을 수 있습니다.

"야! 빨강 신호등인데 건너가려고 하면 어떡하니? 너 학교에서 뭐 배웠어? 엉? 도대체 학교는 왜 다니는 거니?"

이처럼 긴 잔소리가 이어지면 신호를 지키지 않았을 때 위험성을 인지하기보다 부모의 잔소리가 귀에 거슬려 목적을 잃어버리게 됩니다.

둘째, 아이는 집중력이 짧은 특징이 있습니다. 아이마다 집중력의 발달 속도가 다르기에 이번 부분을 고려하여 아이와 소통해야 합니다. 만 5세 이전에는 5분 정도 집중이 가능합니다. 초등학교에 입학한 후에는 다소 지루하게 생각하더라도 10분 이상 집중할 수 있습니다. 30분 정도 공부나 독서, 놀이 계획을 세웠더라도 집중력을 가질 수 있는 것을 고려하여 중간에 쉬는 시간을 가지는 것도 중요합니다.

부모님은 집중력이 부족한 아이들을 야단하거나 걱정하는 경우가 많습니다. 집중력의 발달 속도를 고려하여 아이의 감정을 이해하고 대하여야 합니다. 무조건 야단을 치면 아이는 부모 말을 무시하는 습관이 생기며 아이의 자신감을 떨어뜨릴 수 있습니다.

셋째, 아이의 감정을 이해하고 소통하려는 마음을 가져야 합니다. 어른인 부모가 보기에 아이들은 엉뚱하고 틀린 길로 가는 것 같아도 그렇지 않을 때가 참 많습니다. 아이가 하는 일이 답답해 보이고, 정답을 빨리 알려주고 싶더라고 믿고 기다려주는 것이 더 좋은 결과를 가져올 때가 있습니다.

어릴 때 『잭과 콩나무』란 동화 읽어보신 적이 있지요?
어린 소년 잭은 부모랑 가난하게 살고 있었습니다. 그들은 젖소를 키우며 우유를 짜서 시장에 내다 팔아 생계를 유지했습니다. 그런데 젖소가 젖이 나오지 않자 부모는 잭에게 시장에 가서 젖소를 팔아오라고 합니다. 시장에 가던 잭은 어떤 아저씨를 만났는데 신기한 콩과 소를 맞바꾸자고 제안을 합니다. 잭은 콩 다섯 개와 소를 맞바꾸어 집에 오게 됩니다.

　소 대신 콩 다섯 개를 가져오자 부모는 화가 나서 콩을 밖으로 내 던집니다. 그런데 이튿날 밖을 보니 콩이 하룻밤 사이에 우람한 콩나무가 되었어요.

　잭이 콩나무에 올라가자 신기한 세계가 펼쳐집니다. 거기에는 거인 부부가 살고 있었는데 금은보화가 가득 있었어요. 잭은 거인 부부가 없는 틈을 타 황금알을 낳는 거위, 금화 자루, 황금 하프를 가지고 내려옵니다. 이를 알아챈 거인 부부가 콩나무를 타고 내려오자 잭이 콩나무를 베어 버리는 바람에 거인 부부는 떨어져 죽게 됩니다.

　잭이 거인 부부의 재산을 훔치는 거로 보이는데 영국 민화를 보면 거인 부부가 가진 재산은 잭의 아버지 것이라고 합니다. 결국, 자신의 것을 되찾아오는 것이라고 할 수 있지요.

　젖소를 고작 콩 다섯 개와 바꿔온 아들이 너무 답답해서 콩을 창밖에 던져버린 부모의 마음은 어떤 걸까요? 아들은 그냥 콩이 아니라 신기한 콩이라는 아저씨의 말을 믿은 것이지요. 잭의 어머니는 아무리 화가 나더라도 한 번쯤 왜 소와 콩을 맞바꾸게 되었는지 물어보았어야 합니다. 다짜고짜 화를 내면 아이의 마음이 점차 부모와 멀어집니다. 『잭과 콩나무』에서처럼 현실에서도 기적이 일어나면 좋겠지만, 언제나 해피엔딩으로 끝나지는 않거든요.

얼마 전 이런 뉴스를 접했어요. "음란물 보는 아들, 어쩌면 좋죠? 충격받은 부모의 대응."이라는 부모의 고민을 담은 글이었습니다.

내용인즉, 추석 연휴 예정된 시간보다 일찍 귀가했다가 중학생 아들이 음란물을 보고 있는 상황을 목격한 아빠는 아들 따귀를 두어 대 때리고 모니터를 바닥에 집어 던졌다고 합니다. 이어서 아들의 휴대전화를 뺏어 유튜브와 인터넷 검색기록 앨범 등을 뒤져 친구들과는 단톡방에서 음담패설을 나누고 있는 사실도 알게 됩니다. 그러자 미칠 듯이 화가 나서 망치로 휴대전화 때려 부수고 아들을 집에서 쫓아냈다고 합니다.

음란물을 보는 아들에 충격받은 아빠는 대화나 훈육을 하기보다 폭력으로 상황을 맞섭니다. 놀랍고 믿기 힘든 일에 부모는 감정적으로 대처합니다. 하지만 요즘 시대에 초등학교 고학년이 되면 음란 동영상을 접하는 아이들이 많다고 합니다. 아이들의 세태를 잘 모르는 데서 오는 대처라고 할 수 있습니다.

청소년성교육을 하는 류양숙 작가는 강의에서 이런 조언을 한 적이 있습니다.

멍석을 깔아주자(소통하자)

- 아이들을 음지로 몰아넣지 말고 판을 깔아주자.

쪽문을 열어주자(정죄하지 말자)

- 언제든 들어올 수 있는 쪽문을 열어주자.

류양숙 작가의 강의를 들어 보면 결국, 성교육도 아이와 의사소통이 중요함을 말해주고 있습니다. 소통의 장을 마련해 주고, 정죄하지 말 것을 주장합니다. 위 사례에서 부모의 행동은 아이에게 엄청난 죄의식과 성에 대한 어두운 그늘을 남겨주게 될까 걱정스럽습니다. 올바른 성 의식을 가질 기회로 삼아 함께 문제를 해결해 나가는 방향으로 가야 합니다. 이 기사에 대해 '부모도 성교육을 받아야 한다.'라는 엄청난 댓글이 달린 것을 보았습니다. 물론 그 말도 틀린 것은 아니지만 부모도 사람인 이상 모든 것을 다 알고 대처할 수는 없지요.

원칙만 갖고 있어도 자녀교육은 충분히 할 수 있습니다. '아이는 어떤 마음일까?'라는 생각을 잠시만 해도 됩니다. 부모가 하고 싶은 말이 많지만, 이보다 먼저 아이의 마음을 헤아린다면 감정적이기보다 이성적으로 문제를 해결할 실마리를 찾게 됩니다. 부모와 아이가 어떻게 의사소통을 하느냐에 따라 아이는 좀 더 성장할 기회를 찾게 됩니다.

자녀를 변화시킬 수 없을 때 평안의 기도

명문대 재학 중인 아들이 군 복무를 마치고 제대를 했습니다. 짧은 머리가 제법 길게 되자 아들은 미용실에 가서 노랑머리로 염색을 했어요. 대학 다닐 때도 유난히 머리에 신경을 쓰고 파마도 하고 무스로 멋 내기를 즐기던 아들은 이날을 얼마나 기다렸는지 모릅니다.

저녁에 퇴근하여 노랑머리로 물든 아들을 보자 아버지는 한마디 했습니다.

"모레까지 그 머리 제 자리로 해 놓아라."

아들은 청천벽력 같은 아버지의 말을 듣자 정신적 혼란이 옵니다. 친구들이 멋있다고 치켜세우고 특히 여자 친구들은 매력적이라고 한 머리입니다. 너무 하고 싶었던 염색인데 제 자리로 해 놓으라니 아버지의 생각을 이해할 수 없습니다. 아버지는 아들이 짧고 단정한 머리를 갖기를 원합니다. 노랑머리 염색은 노는 아이나 하는 것이고 동네 사람들이 뭐라고 수군댈지도 걱정스럽습니다. 아버지의 말에 수긍하지 못하는 아들에게 마지막 최후통첩으로 모레까지 머리카락을 제 자리로 해 놓으라고 엄포를 놓은 겁니다.

아버지는 자신의 가치관을 아들에게 강요하지만, 아들은 거기에 맞춰 변화할 생각이 없습니다. 아버지의 말을 거역하는 것이 불편한 것이 사실입니다. 하지만, 노랑머리 염색이 누구에게 피해를 주는 것도 아닌데 너무 억울합니다. 아버지가 정한 기한인 모레가 다가왔어요. 아버지는 그날 늦게 퇴근하여 아들 방을 열어보았지요. 여전히 노랑머리가 그대로 있자 화가 난 아버지는 주방에 가서 가위를 들고 와서 자는 아들의 머리카락을 자릅니다. 아버지의 인기척에 깜짝 놀란 아들은 이불 주변에 흩어진 노랑머리를 보자 그대로 아파트 창문으로 달려가 뛰어내리고 맙니다.

위 사례는 꾸며낸 이야기가 아니라 실제 있었던 안타까운 일입니다. 부모와 자녀의 가치관 대립으로 서로 양보할 수 없는 상황이 가족의 비극으로 치달은 사례입니다. 어떻게 보면 극단적인 상황일 수 있지만, 아이를 키우면서 가치관 대립으로 인한 문제 상황은 참 많습니다.

초등학교 1학년인 수정이는 화장하는 것을 좋아합니다. 엄마가 화장하는 것을 보면 자기도 하겠다고 난리입니다. 파운데이션으로 얼굴을 뽀샤시하게 한 후에 분홍색 루주도 바릅니다. 학교 갈 때도 화장을 하는 것은 물론이고, 가방에는 파운데이션 루주 핸드크림 등 화장품이 들어가는 작은 가

방도 챙깁니다. 아무리 화장을 하지 말라고 해도 몰래 현관문을 나서는 통에 엄마는 늘 마음 졸입니다.

워낙 얼굴이 뽀얘서 아직 선생님도 눈치를 못 챈 것 같지만, 여린 피부가 상할까, 시간을 뺏겨서 공부에 지장을 받지 않을까 걱정입니다. 혹시 안 좋은 친구들과 어울리게 되는 것은 아닌지 또 앞으로도 계속 화장하는 것이 습관이 되지 않을까 불안감이 엄습합니다.

P.E.T의 「효과적인 부모 역할훈련」에서 보면 이런 가치관 대립 상황에서 부모나 자녀의 가치관이나 행동을 수정하도록 돕는 네 가지 기술을 제공하고 있습니다. 아침마다 화장을 한 채 등교하는 초등학생 수정이의 예를 통해서 가치관 대립에 대처하는 네 가지 기술을 알아보도록 해요.

첫째, 모델 제시입니다.

부모가 자녀에게 훌륭한 가치관을 가진 모델로 보일 정도로 부모 자녀 유대감이 밀접하다면, 자녀는 자신의 유익을 위해 부모의 가치관을 따를 것입니다. 수정이에게 엄마는 다음과 같이 말해 줄 수 있습니다.

"수정아! 화장은 다른 사람을 만날 때 거기에 맞게 옷을 입는 것처럼 하나의 예의란다. 예쁘게 보이고 싶은 부분도 있지만, 아직 어린 학생은 로션 바르고 단정하게 옷을 입는 것으로 충분하단다. 너무 어릴 때 화장하면 피부가 여려서 안 좋게 변할 수도 있단다. 공부할 때는 화장하는 것을 피하고 네가 성인이 되면 화장할 수 있으니 그때까지 기다렸으면 좋겠어."

이때 수정이가 자신의 가치관과 행동을 변화시키고자 하는 마음이 없다면 부모는 자신이 자녀가 보기에 훌륭한 모델 적인 모습을 보였는지 자신을 돌아보는 계기가 되었으면 좋겠습니다.

둘째, 의논 상대 되어주기입니다.
만약 부모와 자녀 관계가 좋다면 아이는 문제가 발생했을 때 부모를 찾아 조언을 구할 것입니다. 조언할 때는 반복하지 말고 짧게 한 번만 말하는 것이 좋습니다. 아이로 하여금 보다 나은 삶을 위해 자신이 선택할 수 있다는 것을 주지시킬 필요가 있습니다.
즉, 부모가 화장에 대한 조언을 해 줄 수는 있지만, 화장품을 억지로 뺏거나 화장하는 아이에게 욕을 하거나 무안을 주는 것은 피해야 합니다.

셋째, 자기 수정입니다.
아이가 화장하는 것이 더 자신감 있고 예뻐 보여서 화장을 중단할 수 없다면, 결국은 부모의 가치관을 고려해 볼 필요가 있습니다. 자녀의 가치관이 부모의 가치관보다 더 올바를 수도 있다는 것을 받아들이는 개방된 마음이 필요합니다.

'아이도 화장할 수 있다.'라는 것을 수용하려면, 아이가 왜 화장하는지 충분히 수렴해서 아이의 가치관을 이해하려는 노력이 필요합니다. '아이는 화장을 절대 할 수 없다.'라는 부모의 가치관을 수정하는 것인데요. 아이의 피부가 걱정된다면 식물성 화장품으로 대체합니다. 다른 사람의 이목이 걱정된다면 눈에 띄지 않게 연하게 바른다거나 루주는 수분을 주는 립스틱으로 대체하는 방법도 있습니다. 부모의 가치관을 수정하면 아이와 원만한 접촉점을 찾아가는 길이 쉽게 열리게 됩니다.

넷째, 평온을 비는 기도입니다.

> **평온을 비는 기도**
>
> 내가 변화시킬 수 없는 일들을 받아들일 수 있는 평온을 주시옵고,
> (중략)
>
> - 라인홀트 니부어

평온을 비는 기도는 단지 가치관과 행동의 변화를 바라는 기도가 아닙니다. 어떤 것은 변화될 수 있고 어떤 일은 변화될 수 없다는 것을 인정하는 것입니다. 자녀의 가치관이 정말 변할 수 없다면 자세히 검토하여 보고 부모 자신의 가치관을 변화시킬 수 있는 용기가 필요합니다. 부모의 가치관

이 변하고 수용하는 폭을 넓힐 때 도저히 이해할 수 없는 자녀를 이해하게 됩니다. 내가 변화시킬 수 없는 일이라면 받아들이는 것이 부모나 자녀 모두에게 유익을 줍니다.

수정이가 꼭 화장이 필요하다는 가치관을 변화시킬 수 없다면, 부모가 이를 수용하는 것도 지혜입니다. 가치관 충돌로 인하여 부모와 자녀와의 관계가 나빠지는 것을 바라는 부모는 없을 것입니다. 어린아이가 화장하는 것이 '좋다.', '나쁘다.'라는 판단을 떠나서 부모는 아이의 가치관을 인정함으로 대립을 종식할 수 있습니다.

부모와 자녀의 가치관이 어떤 것은 변화될 수 있고, 어떤 것을 변화될 수 없다는 것을 인정함으로 부모와 자녀는 좋은 관계를 유지할 수 있습니다. 변화될 수 없는 것은 즉시 인정하고, 변화가 가능한 일은 변화를 적극적으로 시도해야 합니다.